AF400184

Yves Hajos

SOUMIS ou LIBRE

© 2022, Yves HAJOS
Édition : BoD – Books on Demand,
12/14 rond-point des Champs-Élysées, 75008 Paris
Impression : BoD - Books on Demand, Norderstedt,
Allemagne
ISBN: 978-2-322-38092-3
Dépôt légal : janvier 2022

Mes sincères remerciements à Catherine Massault et à François Rataj pour leur concours sur le thème si épineux de la Justice.

Ils ont soulevé les graves dysfonctionnements de cette institution qui met à mal notre démocratie.

Mes vifs compliments à François Rataj pour son dessin de la couverture du livre.

Je le voulais aussi caustique que celui de mon livre précédent, réalisé par mon ami Ollivier Cartoonist.

Tu es allé au-delà de mes espérances.

Il y a tout ce côté Gaulois réfractaire, frondeur, révolté, joyeux, généreux et insouciant. Il me rappelle ma jeunesse, rythmé par les Moody Blues, Maxime Le Forestier, Patrick Juvet, Georges Moustaki, les grands compositeurs classiques et tant d'acteurs, de Bardot, Delon, Belmondo, Noiret, Jaubert, de Funès, Ventura, Andress… la liste est longue.

Ma gratitude envers mon épouse Denise.

Même si, cette fois-ci, son concours s'est borné uniquement à la mise en page technique.

Lire dans le livre le mot justice lui donne des nausées.

Du même auteur

LE DOUBLE JEU/Le mépris BoD Mai 2021

Existences bouleversées BoD Janvier 2020

Une vie à Nice BoD Mai 2019

Chroniques d'une décomposition française BoD Février 2018

Avant-propos

Un carriériste de la politique possède-t-il quelques chances réelles de l'emporter à la prochaine élection présidentielle, face à Emmanuel Macron.

Mon essai dresse un constat sans concession sur la dérive de notre pays. Chacun donne son avis sur le début du déclassement de la France. Certains le remontent aux défaites militaires de Louis XIV lors de la dernière partie de son règne, plus morose que flamboyant. D'autres, bien avant. Des érudits se disputent sur deux dates fatidiques, synonymes d'échecs cuisants aux conséquences dramatiques, Waterloo en 1815 et Sedan en 1870.

Je ne suis pas un historien. Juste un simple citoyen au regard aiguisé. Aussi, j'estime, à tort ou à raison, que le véritable délitement de la Nation commença durant la cinquième République.
Naturellement, ce constat n'engage que moi-seul.

Alors que jusqu'à présent, les travailleurs Algériens n'avaient pas vocation à s'installer définitivement en France, le 29 avril 1976, Valéry Giscard d'Estaing, nous imposa de force une mesure insuffisamment réfléchie, préparée et concertée :

L'institution du regroupement familial.

La même année, le prétendu visionnaire modifia le bleu marine de notre drapeau afin de l'harmoniser à celui de l'Union européenne. Une manière concrète de dissoudre en douceur les spécificités de la France.

L'opposition, ignorante des enjeux de société, ne sortit guère de ses gonds. La presse resta passive ou complice. Les journalistes spécialistes en économie et en politique, en général plus fouineurs et critiques, n'effectuèrent pas un véritable travail de recherches approfondies sur les suites possibles, positives ou négatives, d'une décision décidée dans la hâte.

La première partie du livre décrit deux exemples que j'ai entendus, vus ou subis. Le troisième thème, la justice, provient de Catherine Massaut, une ex-avocate et magistrate et de François Rataj, un homme dévoué, désintéressé et secourable.

La deuxième partie concerne les candidats à la Présidentielle prévue en avril 2022.

À vous de chosir, en toutes connaissances de causes, la personne qui répond le mieux à l'idée que vous vous faites de la France.

Première partie

1

En mai 68, mon copain Jacques défie les CRS. Les Cohn-Bendit, Geismar, Sauvageot et bien d'autres étudiants révolutionnaires, les esprits s'échauffant, les traitent de *SS*. Des lycéens aux idées trotskistes, aussi combatifs que leurs ainés, les relaient : *SS*.

Des slogans salvateurs nous emportent dans un monde radieux, un pays des merveilles.

Rien ne peut réfréner leur volonté bouillonnante pour un monde enfin plus juste, plus libre et plus égalitaire. Certes, une forme de pesanteur et de rigidité, surtout en province, plane sur nos têtes rêveuses. Jacques et ses amis, des idéalistes généreux, ont des mains lisses pavées de bonnes intentions.

Afin de mieux imprimer dans le cerveau du peuple exploité la nécessité de faire table rase du passé.

Sont-ils aussi valeureux que Marcel Rajman ?

Lui, la rage au ventre, a vraiment combattu le fachisme.

Marcel Rajman, le frère de Simon Rajman que j'ai bien connu, était le plus intrépide des 22 opposants au nazisme du groupe Manouchian. Tous fusillés au Mont Valérien le 21 février 1944. En tout cas, les leaders d'une France en paix et en forte croissance économique défilent crânement. Invincibles, ils veulent à tout prix dégommer la société rétrograde, la rénover et abroger ce qui nous entrave :

Il est interdit d'interdire.

Sur la photo de la première page de France Soir, Jacques le déterminé, au milieu du premier rang parmi les émeutiers vindicatifs et les fils de bourgeois rebelles, avait fière allure. Le journal populaire ayant le plus fort tirage en France à cette époque.

Jacques ! Un mix de Paul Newman et du chanteur Christophe, à l'élégance décontractée. Un Gavroche intellectuel copieusement nourri. Juste affamé de liberté. C'est l'enfer qui règne en France en 1968 ! Affirme notre grand révolutionnaire aux mains non abîmées, à la différence des paysans, des mineurs ou des ouvriers. Un Oliver Twist dont l'estomac, contrairement à celui de son père, un ex-déporté, ne connait pas les angoisses d'une assiette vide.

CRS SS ! CRS SS ! CRS SS !

Ils prétendent qu'en 1968, la France serait plus inégalitaire et plus répressive qu'avant 1789. La date mondialement connue pour l'abolition des injustices.

« Toutes ! » Exigèrent les députés en colère.

Dont deux particulièrement discriminatoires :

Les privilèges pour les nobles et les princes de l'Église, les obligations et le mépris pour la quasi-totalité de la population.

Un « théâtre de rue » d'après Raymond Aron.

Quoiqu'il mérite d'être nuancé. En effet, le spectacle animé se répandit aux quatre coins de la France. Il mit sept millions de travailleurs en grève, au point d'occuper leurs lieux de travail. Il déstabilisa de Gaulle, l'homme droit bien ordonné. Le héros de la France libre, condamné à mort pour avoir été le premier à combattre le nazisme, fut traité de fachiste durant les défilés. Le désordre embarassa aussi les dociles et disciplinés communistes. Ils recevaient, comme en 1940, les ordres du Kremlin.

Expliquons plutôt la grave désillusion de Jacques.

Le Capès d'anglais obtenu, on expédie le teacher dans les collèges ou les lycées localisés à plus de quarante kilomètres de Paris. Durant trois ans, le Hussard Noir enthousiaste des temps modernes découvre dans quatre établissements les problèmes complexes de notre société. Celui qui prétendait tout changer tombe de haut. Il déchante. Il subit les désagréments des grèves des transports provoquées par ses *camarades*. Pourtant, à cette époque, elles sont occasionnelles. Les autres déboires sont entrain de germer. En revanche, il supporte mal les horaires élastiques. Le lundi, par exemple, le cours débute à 8 heures. Il reprend à 11 heures. La digestion achevée, Jacques explique les subtilités des prépositions : *up*, *out, off* … à partir de 15h. Le vendredi, il poireaute pendant trois heures avant de quitter le bahut à 17 heures. Que penser du planning du samedi ? 8h-9h, pause café, 11h-12h.

Vite ! Pas une seconde à perdre. Le cartable déjà refermé dix bonnes minutes auparavant, il se précipite vers la sortie. Il fonce à la vitesse éclair de Jocelyn Delecour, l'Usain Bolt version France dans les années 70, pour attraper le train de 12h23. Sinon le suivant quitte le quai à 17h02. Il a beau être un amoureux de nos illustres écrivains dont son ancien professeur de Français du lycée Condorcet, Roger Ikor, prix Goncourt en 1955 pour son livre « *Les eaux mêlées* » relatant la belle histoire du fils de Yankel devenu « *un enfant de la terre de France* », un pays où « *tous les hommes sont libres et égaux en droit.* », Jacques est à bout.

Physiquement, prisonnier du bon vouloir des puissants syndicats extrémistes, il est épuisé des conditions de nos transports en commun.

Moralement, il est irrité d'être condamné à se taper tant de présence. Mais surtout ! Il est frustré d'être dépossédé d'une existence positive et d'une forme d'autonomie. Comme il est loin le temps où il scandait : *À chacun de faire ce qui lui plaît.*

Aussi, il adhère à la FEN.
Bingo !
La Fédération Nationale de l'Éducation active sa demande de mutation.

Le temple laïc des miracles lui décrotte en juin 1975 un « joyau ».

Les larmes de bonheur dégoulinant sur son visage, Jacques accepte d'emblée le poste tant envié au collège de Saint-Ouen. La ville populaire très connue grâce au marché aux Puces où se niche la guinguette Chez Louisette, à l'atmosphère festive.

- Yves ! Voilà le lieu idéal jusqu'à ma retraite.
Une ambition déjà programmée bien maigre.
Il marquait mieux sa personnalité en 68. Même si sa fougue ou sa façon provocatrice étaient parfois maladroites. Ce qui est normal et fréquent pour n'importe quel jeune exubérant un tant soit peu opposé à l'ordre et à la hiérarchie jugés trop discriminatoires.
- Bravo ! Chaque année, tu déclameras avec de moins en moins d'enthousiasme : To be or not to be…that…
- Pourquoi mon dynamisme s'amenuisera-t-il ? J'ai la pêche ! J'ai même préparé des nouvelles fiches de travail. Je suis paré pendant des années.
Paré pendant des années !
Oh ! La phrase malheureuse. Il deviendra aussi rasoir qu'un de mes professeurs d'histoire, Monsieur S…... Un homme sans saveur, identique à un produit courant conditionné pour un usage précis comme *Canard WC*. Il a surtout imprimé son empreinte en portant le même costume lustré en toutes saisons et

par la monotonie de ses cours. Avertis par deux redoublants, nous sûmes qu'il récitait, mots pour mots, son cahier froissé tenu d'une main molle, rédigé vingt-cinq ans auparavant. Toujours avec une voix terne qui se rafermit pour l'élément le plus essentiel du contenu de son cours, la ponctuation.

Pendant ce temps **virgule** *la guerre faisait rage* **point**

Jacques, le donneur de leçons qui prétendait en mai 68 « Lutter contre la société stratifiée et le conservatisme moral et social qui nous engluent » s'enfonce dans le conformisme intellectuel. Il rejoint la majorité silencieuse des professeurs obéissant aux règles très orientées, dictées par la puissante FEN. Une Fédération très partiale, bien marquée idéologiquement.

- Seul le visage de tes élèves se renouvelle tous les ans. Un jour, tu t'en rends compte. Trop tard ! Tu es usé. Et peut-être ! Aigri.

Je connais sa réponse. Come on ! Jacques !
- Tu n'es qu'un petit bourgeois réactionnaire.

Satisfait de sa remarque gratuite propre aux gens incapables de débattre autrement, le planificateur de la nouvelle société où toutes les interdictions disparaîtront poursuit, cependant, avec une pointe de nostalgie.

- Je regretterai, toutefois, mes gentils campagnards. Comme ils étaient curieux, dégourdis et bien élevés. Si enthousiastes par ma façon tonique de palabrer principalement dans la langue des Kinks, des Beatles, de Bob Dylan ou de Joan Bez.

- Bonne chance ! Jacques.

En octobre 1975, quelques semaines après la rentrée scolaire, je rencontre inopinément Jacques, sur le point de rendre visite à sa mère, demeurant près de la place des Victoires. Il a la mine triste. Il est déçu. Sa mutation ne répond pas à ses attentes.

- Quoi ! Tu n'es qu'à 600 mètres de Paris. Et tu râles ! Une bonne marche vivifie le corps et l'esprit.

- Ce n'est pas ça le problème. C'est pire. Au point que je me pose des tas de questions. Toutes me minent. Spécialement une. « Faut-il me recycler ? » dit-il avec une voix désabusée avant de poursuivre.

- Pendant mes deux premiers cours à deux classes de troisième, malheur ! Quel choc violent ! Quelle désagréable surprise ! Ils ne savent pas conjuguer le verbe « être ».

- Vache ! Pas fichu de conjuguer en troisième : *I am, you are…* Incroyable ! Dans ma classe, même les plus hermétiques à la langue anglaise connaissaient la phrase culte : « My tailor is rich ! »

- Yves ! Pas en Anglais ! En Français ! s'appitoie un Jacques catastrophé. Idem pour le verbe « avoir ».

- Ils ont réussi à passer en sixième ?

Jacques marque un temps d'hésitation. Il semble embarassé. S'est-il trop libéré ? Aussi, connaissant nos points de désaccords, je suis certain qu'il craigne me balancer une réalité contraire à ses chères théories fumeuses. Tel un psychologue, je reste immobile, l'air évasif, la bouche bien cousue. Je le connais suffisamment. Il est têtu. Mais il possède une qualité que jamais personne ne lui ôtera. Il n'est pas dans le déni permanent à l'instar de la plupart de ses potes socialo-bolchéviques. En août 1968, après l'invasion des chars russes à Prague, ils demeuraient aveugles. Je patiente encore quand, timidement, il poursuit la conversation.

- Plus de 85% de mes élèves, issus de familles modestes, proviennent principalement d'Afrique du Nord. Ils parlent très mal le Français, me dit-il avec un ton plein d'empathie.

Je suis renversé.

Ses parents et les miens, d'origine Hongroise, baragouinaient à peine la langue de Molière lorsqu'ils quittèrent leur pays avec de douloureux souvenirs de surcroît. Les parents d'origine Italienne ou Polonaise de la plupart de mes copains fracassaient aussi joyeusement Victor Hugo. Quant à mon cher pote Beylerian, si ses vieux n'avaient aucun problème de diction, son papy, un rescapé du génocide Arménien commis par des Turcs sanguinaires, personne ne le comprenait.

Que dire de l'accent de nos parents étrangers, dont celui, légendaire, de ma mère. – *quand elle vous parlait de sa voix rocailleuse qui avait gardé l'accent hongrois,* relate mon amie Odile dans *'Existences bouleversées"* -

Plusieurs vivaient également chichement dans des logements modestes. Certains dans des chambres de bonnes au sixième étage sans ascenceur et sans toilettes. Son constat me semble surréaliste.

N'exagère-t-il pas ? Nous, enfants de parents étrangers, provenant principalement de l'Europe judéo-chrétienne, nous nous sommes bien intégrés dans le moule de la Nation France. Nous avons profité du système éducatif. Nous en avons tiré de multiples avantages. Bien sûr, en fonction de nos capacités respectives. Nous ne sommes pas tous dotés des mêmes qualités que ce soient physique ou intellectuelles. Nous nous sommes bien assimilés à l'esprit de la culture spécifiquement française. Même si, reconnaissons-le, nous nous montrions parfois arrogants auprès des habitants d'autres pays. Nous étions plusieurs à connaître le bel hommage de l'écrivain Romain Gary, héros de la France libre, ancien diplomate, rendu à la France : « *Je n'ai pas une goutte de sang français, mais la France coule dans mes veines.* »

Dans la classe, même minoritaires, nous avions le même taux de succès et d'échecs que les Français de souche. En troisième, je partageais les meilleures notes en Anglais avec mon amie Evelyne, future professeure puis traductrice. Les habitués à se coller un cinq ou moins étaient Chantal, un produit Français pur jus certifié d'origine depuis l'avènement des Francs, et Philippe, le russe blanc impassible honni par le piètre professeur de géographie, un communiste enragé. L'hystérique détestait également mon amie Christine, la fille d'un maire UNR fier de la grandeur de la France, les Pieds Noirs, obligés de tout laisser derrière eux et de fuir l'Algérie dans la précipitation un an plus tôt en 1962 dans le dénuement total, Alain, l'aristocrate de la classe et moi-même. Il ne comprenait pas que je puisse tchatcher en Français sans accent. L'abruti pensait que mes parents *fourbes* s'étaient échappés du paradis communiste Hongrois en 1956. *Des traîtes fachos.* Il avait mal lu ma fiche remise comme tous les élèves. Je suis né en France. Ainsi, l'enseignant très partial, au teint verdâtre, ne m'épargnait pas.

Heureusemnt, à cette époque, j'ignorais les causes véritables de l'acte héroïque de Géza, mon grand-père paternel, à Budapest, en janvier 1945. Un geste humaniste en faveur d'un juif communiste au péril de sa vie. (À ce sujet, lire : *Existences bouleversées*). Sinon, deux ans avant le 8 mai 1965, date de la célébration dans tous les lycées de France de la fin de la seconde guerre mondiale en Europe, j'aurais été, peut-être, le premier à le *chatouiller*.

Que se passa-t-il de significatif le 8 mai 1965 ?

Un professeur de Français le boxa dans le préau du Lycée Van Gogh à Ermont. Il s'en suivit le combat de catch du siècle, aussi excitant que ceux proposés sur la chaîne unique de la télé. Entre l'enveloppé prof de Français et le maigre hyper nerveux prof de géo, la bagarre pour des idées diamétralement opposées était totale. Aucun trucage de leur part. Ils se donnaient à fond devant un public de choix. Tous les lycéens abasourdis, les enseignants gênés bien silencieux, les surveillants, des étudiants demi-portions, en retrait, le personnel administratif passif, le Proviseur entrain de se gratter sa grosse vérue sur le nez, la surveillante générale médusée, tous pétrifiés. Sauf le Censeur à qui je lui rendais quelquefois une visite. Ce dernier, un grand balèze, se précipita vers nos lutteurs et les sépara sans ménagement. Avec une voix d'outre-tombe, il les engueula : « *Messieurs ! N'avez-vous pas honte ? Vous comporter ainsi devant tous les lycéens ?* »

L'heure tourne. Je dois l'abandonner. Un acheteur s'impatiente. Dommage. ! Jacques n'avait pas fini de s'épancher.

***

Dix ans plus tard, une personne m'interpelle à la place de la Bourse. Je crois reconnaître la voix. Je me retourne. Je cherche. Enfin, je finis par l'identifier.

Mince ! Jacques. L'ex-dandy athlétique. J'observe un homme chétif, au regard désabusé, courbé et vieilli prématurément. Engoncé dans un costume sans forme, terne, frippé de surcroît, il se dirige vers moi, la mine triste.

Quel changement ! Qu'est devenu l'utopiste rêveur de mai 68 ? Celui qui beuglait pour le salut de la

France. Jacques ! La coqueluche des demoiselles. Jacques ! L'ancien brillant finaliste aux championnats de France de gymnastique dans les années 60, à moins de vingt ans. Un dynamisme à toute épreuve.

Du leader incontesté d'une meute en folie aux idées ubuesques, Jacques a rejoint la majorité frileuse et silencieuse, bien figée devant sa télé. Lui, le passionné, il s'est fondu dans le troupeau ramolli.

Inimaginable une telle métamorphose.

J'en profite pour lui montrer ma boite de langues et de communication située à deux pas du temple des boursicoteurs, de l'AFP et du Club Med.

Pendant près d'une heure, dans la salle des profs, nous discutons en anglais à bâtons rompus avec deux professeurs d'anglais, l'un Américain, l'autre Anglais, sur la méthode de l'enseignement des langues étrangères en France.

Au fil de la conversation, le Californien pose une question à Jacques, muet comme une carpe jusqu'à présent.

Alors qu'en août 1965, à Brighton – la ville où, un an plus tôt, les Mods, ceux qui roulent en scooters, affrontaient les Rockers, ceux qui pétaradent en motos -, il négociait avec une aisance remarquable pour la location d'un logement meublé dans un anglais fluide et *perfect* avec la cupide propriétaire : « No foreigners ! No Irish ! » Rabâchait-elle, tel un disque rayé.

Jacques l'avait bluffée.

Aujourd'hui, le grand professeur d'anglais diplômé, la fiertée de sa mère, jadis fort disert, lui répond d'une voix hésitante, les yeux éteints :

OUI ! En Français.

Dans mon bureau, il se confie. Le peu de mixité sociale a totalement disparu. Les parents, soucieux de l'avenir de leurs enfants, les retirent de l'école publique si leurs moyens le permettent, quitte à d'énormes sacrifices. Ils se sont vite rendus compte de la dégradation irréversible du niveau. Avec l'afflux considérable d'une population à la culture et aux mœurs éloignés de la nôtre, les cours sont devenus un nivellement par le bas. Les élus, les adhérents et plusieurs profs socialistes du 93, des hypocrites qui nous bassinent à longueur de journées des valeurs de l'égalité, des bienfaits de la fraternité, du *vivre ensemble*, ont devancé des responsables de familles. Ils placent leurs têtes blondes dans des établissements parisiens plus homogènes grâce à leur influence, sinon, dans les écoles privées du 93. Ils trouvent chaque fois des prétextes futiles. Plus c'est gros, mieux ça passe. Une habitude très socialiste. Gérard Collomb, le maire PS de Lyon, le chantre de la laïcité, justifie le placement de leur enfant conçu avec sa dernière jeune conquète dans un établissement privé, catholique de surcroit, pour une question de distance.

Ben Voyons !

Jacques, le Don Quichote d'un idéal radieux est le grand cocu dans l'affaire.

Il est indigné par le choix égoïste, contraire à ses espérances pour un monde meilleur qui trouvera le salut par la Gauche.

Gauche de quoi ?

Disparu ! Les belles histoires de Francis Drake.
Oublié ! Ivanhoé déclamé en anglais.
Enfouies ! Les variétés anglaises.

Tout s'est évanoui, y compris la fougue, l'insolence de sa jeunesse et son sourire. Quand le peuple rigole de manière conditionnée en fonction de l'audimat, craignons les lendemains qui déchantent.

Jacques croyait changer la France avant de toiletter le monde. Elle se défait. Depuis cinq ans, en voyant l'origine de ses élèves dans ses classes, Jacques le fataliste a abdiqué.

Il supplée le professeur de Français.
In French only. Of course !

***

Je vis Jacques pour la dernière fois.
Dommage !

J'ignore sa position sur l'affaire du voile à Creil dans l'Oise. Lors de la rentrée scolaire dans le collège Gabriel Havez en 1989, trois jeunes filles originaires du Maroc, Leila, Fatima et Samira arrivent voilées en cours. Les enseignants leur demandent de retirer leur hijab. Les adolescentes refusent au nom du respect de leur religion.

Après des discordes houleuses, le 27 novembre 1989, le Conseil d'État juge le port du voile islamique compatible avec le principe de laïcité.

Le Conseil d'État a délibérément *brûlé* le décret de loi de 1937. Toute proclamation d'appartenance politique ou religieuse dans un établissement public est formellement interdite.

Il suffisait de l'appliquer.

À mon avis, une opinion qui n'engage que moi-seul, les premiers ratés de l'assimilation à la Française commencèrent le matin où Jacques l'optimiste entra dans le collège de Saint-Ouen en septembre 1975.

L'assèchement des mots de la langue française dans sa classe de troisième doucha sérieusement son enthousiame.

Hélas, « l'habituel défaut de l'homme est de ne pas prévoir l'orage par beau temps. » (Machiavel).

Avec le recul, mon constat est pertinent.

Il me revient en mémoire le tableau pessimiste, peigné par notre copain Jean-Marc le radin, le futur économiste, dans les années 60.

Il nous décrivait une France à l'agonie, à feu et en sang. Offusqués, nous le brocardions avec le mot passe-partout : facho ! En particulier, mon ami Daniel, le grand socialiste de la bande. Ses paroles prémonitoires heurtaient nos oreilles loin d'être chastes, mais serviables pour nos proches et non indifférentes à la misère des autres. Tout le monde il est beau…. Nous les estimions carrément fausses et irréalisables. Des pensées sorties d'un cerveau en souffrance ou perturbé.

Un complotiste ! Dirions-nous aujourd'hui.

J'ai la chance d'être encore en contact avec des anciens étudiants. « Jean-Marc avait raison ! » nous avouait Daniel, le professeur d'histoire laïcard du groupe, un déçu du désintérêt croissant de notre culture. Ça le met en rage, même si à l'instar de Marc Menant, le dynamique et volubile chroniqueur de *La belle Histoire de France* sur CNews, il lui reste la flamme de l'espérance.

La première désillusion de Jacques, en 1975, est-elle un cas isolé. Il existait sûrement de nombreux exemples similaires à celui de Jacques dans des villes analogues à celle de Saint-Ouen, avec des usines aux productions déjà obsolètes. Dans d'autres endroits, à proximité des bassins houillers ou sidérurgiques, leurs fermetures définitives étaient programmées. Également à Toulouse, Bordeaux ou Angers des villes dynamiques et attractives grâce à leurs emplois du futur. Cependant, les progrès technologiques entrainent de facto la réduction du personnel peu qualifié, et la nécessité de recruter ou de former des techniciens plus opérationnels.

Le Rectorat, alerté par les proviseurs présents durant les conseils de classe, ont signalé les graves manquements au Ministère de l'Éducation.

Ainsi, lors des conseils des ministres, chacun, y compris Giscard, était mis au courant du danger potentiel pour notre Nation. Un péril immense risquerait de miner et disloquer les principes de base de la cohésion sociale de notre société un jour prochain : « Les immenses lacunes de la base de la grammaire française proviennent principalement de la part des élèves venus d'Afrique du Nord. »

En tout cas, face à l'éventuelle dislocation de l'harmonie sociale dès 1975, le gouvernement aurait dû agir préventivement avec la plus grande fermeté.

À cette époque, la population Africaine était peu importante. Aucun morceau de la France n'avait été encore remplacé, déplacé ou colonisé. Il suffisait de prendre des mesures efficaces et de bon sens. Elles étaient peu coûteuses. En 1975, on ne craignait pas de faire trop de vagues ou de froisser une partie de la population, heureuse de recevoir un supplément d'instruction afin de mieux se fondre dans la Nation.

Seulement, Giscard le précurseur du mondialisme heureux donna raison au patronat satisfait de niquer les syndicats trop politisés, les spécialistes des combats d'arrière-garde aux ordres des communistes ou des socialistes.

Un patronat avide d'ouvriers étrangers dociles.

Ne sachant souvent ni lire et ni écrire, ils éprouvent un tas de difficultés afin de contester efficacement. Ils sont donc une proie facile à gérer.

De plus, ils n'ont aucun motif d'élever la voix.

Ils perçoivent un salaire *royal* en comparaison avec celui, maigrelet, versé dans leurs pays respectifs.

S'ils parviennent à trouver un job. Car, malgré leur indépendance obtenue, ils peinent à trouver un travail à cause de dirigeants, souvent corrompus.

Giscard rangea quelques poussières sous le tapis.

En revanche, l'aveu de Jacques dix ans plus tard, en 1985, n'est plus un cas isolé.

Les premières fissures de l'échec de l'Éducation nationale sont apparues dans maints endroits.

Le regroupement familial dont en ont bénéficié, selon le sociologue Bruno Etienne, les trois jeunes filles voilées - L'affaire du voile dans le collège de Creil en 1989 -, est aussi une des causes. Pour autant, le politiquement correct persiste à amasser sous le tapis ce qui devient difficile à dissimuler.

La parade prend ses marques. Elle diabolise ceux qui signalent tout simplement l'évidence.

Il faut les exclure.

La lâcheté des gouvernements successifs perdure ainsi que de la part d'une grande partie de nos élus.

Ils se complaisent dans des arrangements tordus et indignes. Au point qu'ils distillent les anathèmes ou menacent de sanctions les professeurs qui osent décrire la réalité. Nos élus, par crainte ou intérêt, préfèrent se taire, s'enfoncer dans le déni, plutôt que d'appliquer les bonnes solutions. Ils empêchent les professeurs de transmettre librement leur savoir.

Un jour, ils seront responsables et coupables d'un avenir très sombre pour nos enseignants.

À force de nier le réel et de le camoufler dès 1990 – tout bord politique confondu - la vérité nous explose aujourd'hui en pleine figure. Libérant en même temps des remarques haineuses ô combien condamnables. Voilà le sombre résultat de quarante ans de laxisme et de pusillanimité.

En 1968, ils défilaient pour un idéal et un monde sans différences. Aujourd'hui, dans le 93 et dans tous les endroits analogues, ils sont les premiers à séparer leurs enfants des autres mômes. Des politiciens, plus intéressés à leurs carrières juteuses qu'à l'intérêt du pays, achètent la paix sociale et les votes pour se donner une bonne conscience.

Pourtant, ils voient bien et mieux que nous ce qui se passe. La France se déchire à cause d'une partie de gens nouvellement débarqués avec pour seul bagage, souvent, une religion très peu présente en France jusque dans les années 1960.

Une religion différente de nos règles, nos lois et nos traditions que certains veulent nous imposer.

Les résultats sont tragiques.

Pratiquement plus aucun enfant français de religion juive ne fréquente une école publique dans le 93. D'autres habitants, de religion chrétienne ou des athées, les ont imités. 80% des familles juives ont quitté la Seine-Saint-Denis en raison des sévices, des brimades ou des lynchages qu'ils subissent.

Le phénomème d'exclusion s'étend dans tout le territoire. Partout où la présence musulmane est largement majoritaire. Les Français, particulièrement ceux de religion juive, ne vivent plus en sécurité.

Ne serait-ce pas une des raisons de l'étude réalisée en 2015 : dans quelques écoles classées en Zone d'éducation prioritaire, 40% des élèves de CM2 entre en sixième sans bien maîtriser le Français.

Le meurtre odieux commis au nom de l'islam dans l'école juive de Toulouse, Ozar Torah, le 19 mars 2012, a choqué la France. Elle a vu en direct à la télé Mohamed Mérah abattre un enseignant et ses deux enfants âgés de quatre et cinq ans. La France et d'autres pays ont vu, horrifiés, Mohamed Merah tirer à bout portant sur la jeune Myriam Monsongo, le visage apeuré. Sa vie stoppa cruellement à l'âge de huit ans. Les images atroces passées en boucle sur toutes les chaînes ont heurté et meurtri la très grande partie de notre Nation. Sauf celle des croyants obscurantistes, ceux qui passent leurs temps à prier en profitant des multiples avantages sociaux.

Ils ont applaudi et acclamé Mohamed Mérah.

La réaction médiatique, dans une forme théâtrale, fut la réponse immédiate. Nous le comprenons.

L'heure est à l'émotion, au recueillement et au partage de la souffrance des familles. Cependant, avec un crime effroyable, équivalent à ceux des nazis achevant des juifs avec une balle dans le crâne, nous

nous attendions de la part des professeurs des établissements publics plus de solidarité envers leurs collègues de l'école de confession juive de Toulouse.

Un sursaut salutaire.

La laïcité ne signifie pas avoir le cœur aussi sec et lapidaire qu'un Robespierre, l'adepte de la guillotine, un Lénine, le communiste spécialiste du goulag et de la suppression de la liberté, tout comme l'ignoble et atroce Hitler qui prit le pouvoir avec le concours de personnes importantes qui s'affichent aujourd'hui.

Le Rectorat a minimisé l'acte grave.

Le 16 octobre 2020, la nausée revient.

Samuel Paty, professeur d'Histoire, est assassiné par arme blanche et décapité à proximité de son collège à Conflans Sainte-Honorine dans le 78.

L'auteur du crime ignoble, une fois de plus depuis 2000, est un jeune musulman. Cette fois-ci, d'origine tchéchène. Ce dernier applique sa foi *profonde* pour un islam litéral dont le Coran a été écrit par Allah en personne. L'Éducation nationale, fortement infiltrée par des enseignants très marqués à Gauche et par la repentance, confirme ses difficultés à défendre la laïcité. L'origine du massacre macabre débute par le mensonge d'une élève absente du cours d'histoire ce jour-là. La réaction outrancière de son père, un croyant obscurantiste, fut la diffusion d'écrits abjects entièrement faux sur les réseaux sociaux. Une campagne orchestrée par un fiché S aux cris de vengeance dépassa la fiction. L'assassin, un migrant irrégulier, estime comme bon nombre d'autres fidèles nés en France que la laïcité signifie être contre les musulmans. En tout cas, il savait bien ce qu'il faisait. Il a agi en fonction de ses coutumes et de ses mœurs au nom de la religion. Des coutumes qui prennent de plus en plus forme dans l'esprit des musulmans nés en France ou des Français convertis.

Ces derniers sont encore plus vindicatifs pour s'opposer ouvertement à notre modèle de société.

Fabien Clain, converti à l'islam en 1986, haut cadre de l'organisation de l'État islamique, revendiqua les attentats du 13 novembre 2015. (130 morts et 352 blessés.) Lamentable aveu de Bernard Cazeneuve, l'ex-ministre de l'Intérieur le 17 novembre 2020 :

« On connaissait l'existence des frères Clain. »

Une laïcité acceptée et jamais remise en cause par les catholiques et les juifs dans leur très immense majorité. Ne nous attardons pas sur le 1% mécontent et réfractaire. Il ne tue pas de surcroît.

Samuel Paty cherchait simplement à éduquer.

Pourtant, plutôt que de le soutenir fermement, l'Institution l'a lâché et réprimandé. Il fut coupable d'avoir trop bien enseigné le cours de liberté d'expression et d'esprit critique. Il n'avait pas compris qu'au nom de la laïcité, ce ne sont pas les caricatures de Mahomet qu'il faut commenter.

Il doit glorifier les bienfaits du hijab et de la burqa, afin d'accélérer les vertus du vivre ensemble.

L'Europe, deux fois millénaires, doit s'effacer pour une religion longtemps inexistente en France.

J'exagère ? Le Conseil de l'Europe lance le 28 octobre 2021 une campagne de promotion sur l'enrichissement de la diversité avec des clips provocateurs, tendencieux et bien orientés : « La liberté dans le hijab » « Mon voile, mon choix »

Les grands médias, aux ordres du pouvoir, évitent d'ébruiter un *fait divers* si les réseaux sociaux ne s'en emparent pas.

Celui apparu le jeudi 4 novembre 2021 à Villeurbanne fut mis en veilleuse. Un jeune de 15 ans, la chance extraordinaire du *vivre ensemble*, armé d'une machette, a menacé une école juive en criant : « Sales juifs ! » Le 93 fait des émules. Des juifs s'échappent, la peur au ventre, de quelques quartiers de Lyon et des environs pour se réfugier ailleurs, voire carrément hors de France.

Le 18 novembre 2021, rebelote. Peu de médias relèvent l'avertissement menaçant d'un élève du collège du Mas-de-Mingue à Nîmes. Ce dernier, réprimandé par la professeure d'arts plastiques, la narga : *Vous connaissez Samuel Paty ?*

Voilà le résultat d'un renoncement, d'une lâchété. À cause de collectifs fanatisés par leurs maîtres, de la diabolisation de la crainte, de l'indignation sélective, de la destruction de notre passé au profit d'un genre humain nouveau. La France est divisée et fracturée.

Jacques rêvait d'un pays éblouissant.

Le pays des Merveilles est devenu un territoire de la frayeur pour les professeurs têtus restés fidèles aux principes de la laïcité. Contrairement à l'ignoble ministre de la Justice, Nicole Belloubet. « *L'insulte à la religion, c'est évidemment une atteinte à la liberté de conscience, c'est grave.* » (Europe 1 du 29/01/2020)

Le best seller de Lewis Caroll en 2022 s'arrache :
Alice s'instruit dans le pays le plus merveilleux du monde.

Alice, la blanche, va de surprise en surprise. Elle est méprisée, cabossée. À Trappes, comme Mila, elle est harcelée. Elle a révélé son homosexualité durant le cours de philosophie de Didier Lemaire. Un homme de centre gauche attaché aux principes Républicains. Lui-même menacé de mort après avoir dénoncé dans *L'Obs* (16/02/2021) la responsabilité de l'État régalien dans la mort de Samuel Paty.

Trappes est la commune de France qui compte le plus grand nombre de jeunes partis faire le djihad, celle que ses quelque 3000 juifs ont presque tous quittée après l'incendie criminel de la synagogue en 2000, celle, aussi, qui recence plus de 400 fichés S pour radicalisation. Alice retrouve la sérénité dans le prestigieux Lycée Montaigne du quartier huppé de Paris. Patatras ! Elle découvre le visage tuméfié de la professeure de mathématiques. Il servit de punching-ball à un élève *perturbé*.

Profs de maths ! Un beau métier.

À risques ! Toutefois.

2

Cette nuit-là, en traversant la forêt de l'Isle-Adam à vive allure, j'entends un bruit fracassant. Ma voiture soulevée d'emblée s'immobilise. Sur le capot, un sanglier me menace avant de s'enfuir avec une agilité surprenante. Heureusement, le pare-brise n'a pas explosé. « **Merde !** » fut ma première réaction. Je m'extrais prudemment de l'automobile, légèrement courbaturé. Stupeur ! Un second sanglier, encore plus imposant, encastré sous le moteur vient de rendre l'âme.

Dans l'attente de la réparation de mon bolide, je redécouvre les délices des transports de banlieues, les bons usages de mon enfance. Rien de changer. Les passagers, pour la plupart à moitié-endormis, gagnent leur place habituelle ou rejoignent d'autres voisins pressés d'échanger les dernières nouvelles. Certains jouent aux cartes, des femmes tricotent, quelques uns lisent. La majorité contemple, les yeux béatement ouverts, un horizon ou un point fixe.

Le premier incident surgit à Ermont-Eaubonne.

Une voix nasillarde nous prie de prendre l'omnibus jusqu'à Paris en raison d'une grève de solidarité. Les voyageurs s'engouffrent dans le tunnel, courent jusqu'au bout du couloir et remontent les marches de la voie 6, essouflés. Les dégourdis ont carrément franchi les voies ferrées. Bousculé, je repère toutefois une place au milieu du wagon, près de la fenêtre. Je retrouve les mauvaises sensations des transports en commun quand des langues aigries se délient.

- Un vol de caténaires ou toujours les mêmes jeunes à faire les cons ? Ils ont agressé qui, cette fois-ci ? s'enquit un passager particulièrement remonté.

Avec plus de quarante cinq minutes de retard nous arrivons enfin à destination. Je ne suis pas au bout de mes surprises. Au lieu de s'adresser directement aux véritables responsables de leurs misères et de leurs mauvaises conditions de travail, les contrôleurs vérifient avec un zèle incroyable la carte mensuelle.

Certes, il n'y a pas d'heure pour frauder.

Mais pourquoi pénaliser davantage les laborieux.

Après la signature d'une affaire rondement menée, conclue d'une manière bien arrosée chez Georges, la bonne cantine de la rue du Mail, je regagne la gare du Nord. À cette heure creuse le train est peu rempli.

Quelques jeunes restent à l'entrée. À Saint-Denis, d'autres lascars, aussi peu respectueux du règlement: *Interdiction de fumer*, les rejoignent. Soudainement, le train stoppe dans un crissement infernal. Un gars a actionné le signal d'alarme.Projeté en avant, ma tête s'encastre voluptueusement dans une poitrine ferme. Il ne manquerait plus qu'elle sache ce que j'ai dégusté. Ils sautent du train sans attendre l'arrêt définitif et détalent tout en nous pointant quelques doigts d'honneur.

- C'est fréquent, me dit la demoiselle avec un sourire accueillant. Ils rejoignent leur cité. Encore plus de dix minutes de perdu. Comme d'habitude, je raterai à nouveau ma correspondance pour Saint-Leu-la-Forêt. Avec un ton dépité et rageur, elle se libère. Pauvre France ! Nous sommes envahis par la racaille. Aucune éducation. Qu'ils retournent chez eux ! Elle complète sa diatribe en élevant la voix. Bande de vauriens nuisibles !

Un voisin partage pleinement son avis.

Choqué par de telles remarques, je ne bronche pas. Je me tais. Je ne parle pas aux racistes.

À Ermont-Eaubonne, un incident supplémentaire survient. Une grève sans préavis en soutien d'un conducteur molesté vient d'être votée à l'unanimité.

Le conducteur du train, solidaire de son collègue, nous prie de descendre. La femme *raciste* rajoute une couche. « C'est si fréquent de nos jours. Pauvre France ! »

Je tombe des nues.

L'immense majorité des passagers l'approuvent.

Durant l'attente interminable, mes oreilles du bobo bourgeois confortablement installé dans son décor feutré, enregistrent tout ce que les journaux, la radio et la TV n'écrivent ou ne diffusent pas.

Qui a raison, qui a tort, je suis perplexe.

Désorienté par ce que je viens d'entendre – Non ! ce n'est pas possible - j'arrive à la maison avec trois heures de retard. La démangeaison d'une ballade à cheval dans la forêt dans un galop débridé s'est étiolée.

Cette nuit, j'ai un mal fou à m'endormir. La jeune femme, belle et appétisante au demeurant, n'a rien d'une extrémiste. Me contait-elle tout simplement, dans des termes très crus, son quotidien. Une triste vérité si difficile à admettre. Depuis plus de douze ans, j'évite au maximum les transports en commun en raison des grèves à répétition. J'en avais assez de voir des gens se battre pour une place assise, me faire tasser ou de respirer les odeurs de transpiration. Aussi, pour me rendre à Lyon ou à Marseille, je préfère l'avion ou ma voiture.

Alors, que sais-je vraiment de la France profonde ?

J'ai cessé d'y mettre les pieds dès le début des années 1990. Les dernières usines avec qui je traitais ont soit définitivement déposé le bilan, soit poursuivi leur délocalisation. Les employeurs ne pouvaient plus rivaliser avec la main d'œuvre Chinoise sous-payée, largement exploitée, peu syndiquée.

Ceci n'est pas étonnant pour n'importe quel Français au courant des pénibles conditions de travail en Russie et les pays colonisés par Staline.

Craignant un mauvais pressentiment, dans l'attente de la récupération de mon automobile je décide de bosser à domicile. Le personnel se débrouille fort bien chaque fois que je suis en vacances ou en déplacements professionnels. Surtout depuis que j'ai revendu MCE, la société de Langues et de Communications.

Elle accaparait trop de mon temps libre.

Oui ! Restons à la maison.

C'est plus prudent. Je me connais trop. Mardi, mercredi et jeudi, toute la journée, j'ai effectué de belles balades à cheval avec des pointes dans le Vexin, entrecoupées d'un arrêt gastronomique chez Pierre Cagna.

En fin d'après-midi, je reçois un appel de ma secrétaire. Elle me remet en mémoire le rendez-vous prévu demain à 15 heures.

Mince ! Je l'avais oublié.

Impossible de le reporter. Tant pis. Je prendrai le taxi. Le train me porte malheur. Pas de chance. Les seuls deux taxis de l'Isle-Adam sont réservés toute la journée. Par prudence, dans le cas d'une grève surprise, je partirai très tôt et, contre mauvaise fortune, bon cœur, j'en profiterai pour découvrir Drouant. La table des plats raffinés qui fait saliver mon ami Pierre, depuis qu'il a réussi à se faire éditer.

Sacré Pierre ! Quelle imagination débordante pour raconter sa biographie. Lui, le chef de rayons des articles de la pêche au BHV depuis ternte ans.

Quel talent oratoire pour appâter les clients potentiels. Une créativité aussi débridée et explosive que celle du reporter dans un film. Il décrivait les atrocités de la guerre en Syrie depuis la piscine de son hôtel à Beyrouth pendant trois semaines.

Ce vendredi, par un beau temps printanier, j'arrive guilleret à la gare de l'isle-Adam. Un attroupement s'est formé. Aucun train en partance pour Paris n'est prévu avant 11 heures. Il y aurait un gros problème sur les voies ferrées. Nous n'avons pas plus de précisions. Dois-je patienter ?

Mais si le départ est différé, voire annulé. Je pense faire du stop quand un voisin me suggère de me rendre à Valmondois, de monter dans l'omnibus direction Persan-Beaumont, et de prendre le premier train en partance pour la gare du Nord.

- Persan-Beaumont ? Sans moi ! Les Arabes ? J'ai déjà donné ! peste un voyageur en rage, avant de quitter la gare précipitamment.

Surprenant ! Des salariés excédés l'imitent.

D'autres, en colère, poursuivent la conversation. Il tiennent les mêmes remarques virulentes « Mieux vaut retourner chez nous ou attendre patiemment. Il ne faut surtout pas monter dans un train crado et dangereux. Il en va de notre vie. »

Des propos infâmes ! Que se passe-t-il en France ?

Est-elle devenue paranoïaque ? Après les Italiens, les Espagnols, les Polonais de la première génération dont quelques uns furent mal accueillis, les Arabes de la deuxième ou troisième génération sont-ils devenus les souffre-douleurs permanents d'une minorité irascible. Je suis indigné. Cependant, je me force à me taire.

En tout cas, moi, je monte. Pas question de me rabaisser à leur niveau et de rater le glorieux restaurant où on célèbre le prix Goncourt.

Arrivés à Valmondois, cinq minutes plus tard, que vois-je ? Horreur ! Une vieille Micheline aux vitres fracturées, recouverte de tags, s'expose à la vue de tous. Ils auraient pu ranger la ruine pouilleuse ailleurs, me dis-je. Consternation ! Des personnes s'y précipitent. Un homme m'interpelle.:

- Vous allez bien à Persan-Beaumont ? Dépêchez-vous !

En y pénétrant, une odeur pestilentielle monte à ma gorge. Partout, des traces d'urine, de bière et de vomi sont encore bien présentes. Un véritable patchwork repoussant. À mon tour, j'ai envie d'évacuer mon thé et mes deux croissants. Des morceaux de verre sont répandus sur le sol et les banquettes. Une mère, le visage marqué par la souffrance, les nerfs à fleur de peau, colle une gifle à son enfant pressé de s'installer. « Kevin ! Tu sais bien qu'il faut nettoyer avant de poser tes fesses. »

Je cherche un endroit où pouvoir m'installer.

Diable ! Aucune banquette propre. Elles sont toutes envahies par des traces de chaussures sales.

Vit-on encore en France ?

La maman sort un torchon usagé de son sac.

Plusieurs personnes l'imitent spontanément. Elles astiquent silencieusement sans ronchonner.

À contrecœur, j'utilise ma pochette de soie de couleur blanche si bien assortie à mon costume en lin Louis Féraud. Un cadeau de ma mère.

- Comment ! Vous n'êtes pas équipé ? s'enquiert la maman du turbulent, étonnée.

Je lui explique brièvement la situation.

- Vous n'avez pas de chance, me répond-elle.

- Personne ne proteste ?

Les passagers, surpris, me regardent d'un air las et défaitiste. Ai-je commis une faute grossière.

- C'est si fréquent. Encore hier, les Arabes ont caillassé la Micheline. Ont-ils le temps de nettoyer ? complète l'homme qui m'invitait à le rejoindre, avant de rajouter : « Il suffit de les renvoyer chez eux. »

Une femme outragée intervient.

- Monsieur ! Comment osez-vous ? Ce sont des Français. Comme vous et moi. Faites un effort. Comprenez-les. Ils pratiquent une forme d'agitation par désœuvrement. Ils ne sont pas bien considérés.

- Madame ! réplique l'homme avec une grimace réprobatrice. Mes parents ont tout abandonné en quittant l'Italie fasciste de Mussolini. En France, ils n'ont pas été également bien considérés. Moi-même, très jeune, j'ai été brocardé quelquefois à l'école par une toute petite minorité. Pour autant, je n'ai pas lancé des pierres parce que j'étais un incompris.

- Oui, mais…

- Madame ! Ne m'interrompez pas. Mes parents ont travaillé durement, sans rechigner. Ils ont réfléchi et agi selon les principes Républicains de la France. Ils ne les ont pas refusés, encore moins rejetés. Ils veillaient à mon éducation afin que j'apprenne à lire et à écrire en Français. Aujourd'hui, mes enfants ont des prénoms Français. Pas comme chez eux. Excédé, il aboie bien fort. Aucune excuse pour les crapules. S'ils ne sont pas contents, qu'ils retournent d'où leurs parents viennent.

- Ce sont des chérubins. Faites un effort. Ils sont en mal d'affection. Ils…

Un criaillement indescriptible interrompt sa plaidoirie. Une vingtaine de jeunes exaltés abattent une pluie de cailloux sur la micheline Excités, ils déversent des exclamations de torrents d'injures. Les dernières vitres encore épargnées se fracassent sur le sol et les banquettes. Malgré la panique, d'instinct, je me propulse sous le siège. Heureusement, mon attaché-case Lancel, le cadeau d'anniversaire de ma mère, protège ma tête. Le choc est tellement soudain et violent que j'oublie l'odeur fétide. La maman, aussi alerte que moi, retrouve sa fibre maternelle. Elle allonge son corps délicatement au-dessus de son petit Kevin afin de servir de bouclier protecteur au péril de sa vie. L'inconsciente ! Elle oublie de camoufler sa tête. Le fils d'immigré Italien, il se prénomme Luigi, se glisse subrepticement sous une banquette en guise d'abri de défense. Alors que la miséricordieuse toquée, trop heurtée ou entrain de continuer à gloser sur les bienfaits de l'immigration, ne réagit pas. Elle reçoit en pleine figure une pierre expédiée par un gentil garçon à la peau bien moricaude, à peine âgé de douze ans. Elle le regarde, étonnée. Ébahie, elle l'entend dire avec délectation la dernière insulte à la mode dans le monde du rap: « J'te nique la vieille ! » Dommage qu'elle se soit écroulée si vite. Elle n'a pas entendu la suite.

C'était de la même veine littéraire. De quoi sourciller le pointilleux Alain Finkielkrault.

Juste avant de détaler, tel un chiot fougueux, il lui fait un doigt d'honneur, puis rejoint, hilare, ses comparses qui s'enfuient en hurlant de joie leurs méfaits.

À chacun sa manière de s'exprimer.

Nous nous redressons, la mine catastrophée et interdite. Sauf un homme efflanqué au format réduit, les traits accusant la peur. Il a réussi le tour de passe-passe incroyable de se blottir sous le corps d'une femme brune massive criblée de bouts de verre et de gros cailloux. Hébété, derrière le sosie de la Raquel Garrido des banlieues Nord, le maigrichon, peu rassuré, questionne plusieurs fois : « ils se sont bien barrés ? » Avant de craquer complètement.

Il pleurniche à chaudes larmes.

L'affolement général passé, nous retrouvons nos esprits. Zut ! Mon Louis Féraud est cradingue. Rapiécé par endroits. Mon Lancel, complètement cabossé. Il m'a certainement sauvé d'une fin de vie définitive dans un fauteuil roulant. Ma pochette en soie, oublions-là. Le fils du *macaroni* Piémontais sort un mouchoir propre. Il nettoie le front et les joues tremblantes tachetées de débris de verre de la donneuse de leçon. Avant que la rabat-joie de première n'émette le moindre son, il lui marmomme quelques mots qu'il nous fait partager aussitôt avec une voix forte, tout en nous faisant un clin d'œil.

- Madame ! Vous avez raison. Ajoute-t-il avec ironie. Les petits polissons sont vraiment en mal d'affection. Ils se sont justes un peu défoulés.

Je suis plus irrité qu'indigné.

Je n'étais pas du tout ancré dans la réalité que je viens de constater à mes dépens. J'en veux surtout aux responsables qui nous ont si longtemps bernés.

Je suis sidéré de l'état réel de la France, si éloigné et si bien étouffé par l'État français.

On ne nous dit pas tout !

Pis ! Je me sens coupable d'avoir traité tant de gens de racistes obtus ou de xénophobes. Alors qu'eux, les malheureux, ils subissent quotidiennement les ravages auxquels ils sont de plus en plus confrontés.

Tout le monde n'a pas ma chance.

Vivre dans les beaux quartiers protégés et sécurisés de Paris ou de Nice, bien éloignés de la vraie vie ou des zones de non-droit.

Notre bobo artiste a le génie malsain de protester médiatiquement suite à une expulsion légitime de roms délinquants ou de personnes peu respectables entrées illégalement en France.

Les caméras repliées, au volant d'un modèle prestigieux qui pollue abondamment, il s'empresse de passer un week-end de rêve à Deauville ou au Touquet. Loin du peuple qu'il méprise, en fait.

À la gare de Persan-Beaumont, un pompier s'occupe en priorité du petit Kevin, avant de porter assistance à l'illuminée: *je tends les deux joues*. Il a l'air de la connaître. Il ne semble pas réellement l'apprécier. Depuis cette pénible tragédie, le petit bonhomme grelotte en tenant bien fort la main de sa mère, elle-même tétanisée. Si leur cœur palpite, pas un mot ne sort de leur bouche. Le môme, les yeux rougis et l'air affolé, halète comme un asthmatique. Espérons que son traumatisme et les stigmates du malheur s'atténuent avec le temps. Qu'il ne soit pas psychologiquement trop amoché. Le mouflet a vu les visages haineux des adolescents. Il a bien entendu les paroles cruelles à l'encontre des Français. Sont-ils repoussés à ce point ou eux-mêmes exècrent-ils nos valeurs. A-t-il saisi les phrases belliqueuses lourdes de sens. Elles signifient leurs refus impératifs de s'adapter aux règles démocratiques de notre pays.

Son jeune cerveau peut-il déjà comprendre ce que je viens d'enregistrer ? Ils détestent le pays qui les a vus naître. La France qu'ils piétinent de toute leurs forces ne correspond ni à leurs coutumes ni à leur religion.

La police souhaite obtenir des renseignements complémentaires.

À quoi bon ! Ils connaissent tous les instigateurs de l'attaque. Puisque les incidents se produisent souvent sur cette poche de territoire devenue un véritable no man's land. Par contre, le freluquet peureux me donne véritablement la nausée. Le velléitaire, droit comme un i, déclame une bravoure inédite à un journaliste local. Personne ne le contredit. Sont-ils tellement blasés ? Mais moi ! Pourquoi je le laisse débiter ce sac de mensonges ?

À finir par croire que moins on a de courage face à une situation périlleuse, plus on éprouve du plaisir à en discourir, tout en l'enjolivant copieusement.

Je ne suis pas prêt d'oublier ce jour amère. Écœuré par tant de bassesse, y compris d'une partie de renoncement de moi-même, je m'empresse de m'extirper au plus vite et de monter dans le premier train en partance pour Paris. Rejoignons vite l'ami Pierre au seul endroit de Paris où, une fois par an, des cerveaux en mode 220 volts brillent plus que les chaussures vernies. L'imaginatif malin a, à portée de sa plume, le sujet d'un nouveau roman.

Son crâne rutilant, équivalent à celui du Niçois Ciotti, décrochera-t-il le prochain prix Goncourt ?

*

Avant de rejoindre Paris, notez que les caillassages de trains sont devenus monnaie courante sur tout le territoire. Sans exception. Retenez juste trois exemples récents survenus à partir de juin.2021.

Mercredi 23 juin dans *Le Point* : un TGV, cible de tirs d'armes à feu au moment de son entrée en gare de Marseille Saint-Charles vers 21 heures.

Le Dauphiné daté du 13 septembre 2021, décrit un TER caillassé dans la gare de Pierrelatte après 20 heures.

Pendant que le journaliste de DNA, à la plume aussi traînante que son accent, nous détaille – je résume -: Un TER en provenance de Sélestat et à destination de Strasbourg a reçu de nombreux projectiles le 17 septembre 2021 vers 17h40. Le conducteur d'un autre TER qui se trouvait à l'arrêt à hauteur de l'incident a témoigné de la présence de cinq jeunes lançant des objets sur le train depuis le pont.

*

Retour en 1996.
Incroyable !

Un train crasseux avec des banquettes en bois. Des mégots et des cannettes de bière jonchent le sol.

Cessons de râler. Par rapport à celui emprunté juste auparavant, j'ai l'impression de me retrouver dans un palace. Depuis plus de vingt minutes, bien que je sois l'unique voyageur, je ne parviens pas à me concentrer sur mon rapport. Je rumine ma mésaventure. « C'est si fréquent », me disaient-ils.

À Épinay-Villetaneuse, une profonde mutation s'opère. Une bande de jeunes en âge d'assister aux cours dans un lycée, une école professionnelle, ou de suivre un stage pratique, envahissent dans un brouhaha d'enfer le wagon désuet. Les pays d'Afrique, du Nord au Sud, sont bien représentés. Bizarre cette sensation. Je suis le seul blanc parmi une meute irrespectueuse. Elle fume, jette les cannettes vides et pose leurs Nike boueuses sur la banquette. Je suis chanceux. Je reste solitaire près de la fenêtre. Pourvu qu'ils ne m'aperçoivent pas. Le journal l'Équipe déplié, je les entends parler avec véhémence. Ils palabrent comme mon ami René, le prof d'Histoire du *neuf-trois*, quand il les imite avec une pointe d'ironie et d'aigreur surtout. Alors, c'est bien vrai. Les traîne-couillons ont contracté la langue. À peine 500 mots. Les explications sont surtout corporelles. J'ai du mal à traduire leur jargon. En entendant *laisse béton*, la chanson fétiche de Renaud dans le film *Marche à l'ombre* avec Michel Blanc et Gérard Lanvin, je finis par comprendre quelques bribes de leur verlan. On les prendrait pour les successeurs du mime Marceau, la voix tonitruante en plus, pour élucubrer leurs tics verbaux.

Sont-ils dangereux ?

Franchement, ils n'en donnent pas l'impression.

Ils sont entre eux.

Personne ne les contrarie.

Mais, j'ai un sentiment de méfiance. La différence flagrante de comportement par rapport à celle de ma jeunesse tumultueuse a de quoi semer le trouble.

Oui ! J'avoue avoir la sensation de ne pas me sentir tout à fait en sécurité. Car, à les entendre vociférer, on perçoit une agressivité à fleur de peau. Que font-ils à cette heure-ci de la journée dans un lieu devenu une zone de non-droit ambulante ?

J'ai l'impression d'avoir la mine étonnée d'un homme qui visite son pays suite à une longue hibernation.

Le réveil, déjà brutal, l'est davantage à l'arrêt suivant. À Saint-Denis, célèbre pour sa basilique et sa nécropole où seraient enterrés des rois de France, des jeunes plus âgés, toujours totalement différents de nos ancêtres les gaulois, prennent possession des dernières places libres. Je voyage dans un train exotique à peu de frais. La réflexion du gars assis à côté de moi, aux bras aussi énormes que des jambons de Bayonne, augmente mon mal être.

- Classe ! Ton costard.

Fort heusement, il n'a pas vérifié la qualité du tissu.

Comment aurais-je réagi. D'ici qu'il me dépouille et ne me laisse plus que mon slip comme pour les fils de mon amie Christine. Une mésaventure survenue dans le métro parisien la semaine dernière. Elle succède à celle qu'ils avaient subie six mois auparavant à la station Les Halles. Il n'y a pas que ma tronche qui détonne parmi les jeans, les survêts ADIDAS, ou les chaussures NIKE. Mon costume Louis Féraud tranche carrément avec leur code vestimentaire.

Heureusement, un bronzé monté précédemment le reconnait. Il m'oublie vite. Malgré une apparence qui parait farfelue, les jeunes exécutent un salut selon un usage précis savamment élaboré. Ils se cognent les poignets d'une manière solennelle. Les présentations achevées, ils se parlent en onomatopées en poussant à intervalles réguliers des cris incompréhensibles.

Au moment où le train prend son élan, quatre contrôleurs montent dans le train. Des "fromages blancs", d'après René et d'autres profs de banlieue, très cyniques. Ils comptent les dernières années à endurer avant de tirer définitivement leur révérence avec un grand soulagement.

En décryptant avec un œil exercé les voyageurs, les agents de la SNCF conservent sagement leurs places près de la porte de sortie et du signal d'alarme.

Je les comprends. Je partage leur prudence.

Du peu que j'ai entendu, le moindre reproche peut mettre le feu aux poudres.

Prenons notre mal en patience.

Soudainement, je remarque un contrôleur faire un mouvement de tête ostensible à son collègue avant de me dévisager. Je leurs souris. Je sens une présence secourable au cas où….

Mon Dieu ! Je découvre l'expression sadique sur le visage de l'un deux. Sans s'adresser aux passagers point incommodés par leur présence, deux justiciers avancent à pas menaçants en ma direction. Un remake du film de Sergio Leone, *Le Bon, la Brute et le Truand*. Le minuscule, un cafard au regard chafouin, déclame avec une voix de stentor musclé.

Elle dépareille avec son aspect chétif.

- Monsieur ! Billet ! S'il vous plait !

Le commandement ânonné dans un bruit de tonnerre ne contrarie nullement les autres abonnés de la ligne. Je suis outré. Les couards n'ont pas le courage de réprimander les morveux sans aucune éducation. Ils fument, ils jettent par terre leurs bouteilles vides et les emballages Mc Do, ils crachent en toute impunité. Les valeureux fonctionnaires jouent les matamores zélés avec probablement le seul possesseur d'un titre de transport valide.

Yves ! Sois plus malin qu'eux.

Ne te mets pas à dos la bande de jeunes excités. Ils sont plus grands que les petits anges de ce matin.

Rien que celui bâti comme une armoire de campagne à côté de toi te réduit en charpies avant que tu n'esquisses le moindre geste. Les catégories en judo, c'est pour éviter qu'un David Douillet ne réduise en bouillie l'acteur comique Jean Lefebvre.

- Mon Billet ? Vous voulez vérifier mon billet. Oui, pas de problèmes. Avec le même sourire dévoué que l'avocat retors, avide de recevoir un nouveau pigeon.

Je sors prudemment mon portefeuille.

Inutile que la future élite de la France, vantée par les socialistes, mire les Pascal. Je le range prestement. Je fouille les poches de ma veste, de mon pantalon. Je ne le trouve pas. Alors, tout en les scrutant avec déférence comme le baveux qui n'a pas encore perçu ses honoraires, je me redresse fièrement et je me lève lentement.

Immédiatement, les deux képis aux yeux méchants remarquent mon costume sali et légèrement troué.

Ils se congratulent. Encore un bourgeois, un nanti, qui s'est cassé la gueule à cause de la crise.

Pressons-nous de les enquiquiner. Debout, je leurs explique tout ce qui je viens de subir ce matin. Je précise plusieurs fois qu'ils doivent être bien au courant de cet incident catastrophique. Il serait loin d'être un cas isolé.

- C'est courant ! Paraît-il. Regardez mon attaché-case ! Un Lancel offert par ma maman. Il m'a sauvé la vie. N'est-ce pas inimaginable ?

Le costaud aux neurones atrophiées et ses potes sont intrigués. Ils réfléchissent. Évidemment, je ne fais pas le lien avec l'origine des gaillards. Tandis que le contrôleur s'impatiente. C'est bon. Son regard sournois se renfrogne. C'est encore mieux. Alors, je persiste. Il ronchonne. Formidable. Je rajoute une couche bien épaisse.

- Le saviez-vous ? Quatre jours auparavant, des jeunes ont actionné le signal d'alarme… quand le grand lourdaud poivrot me coupe la parole.

D'une voix rogomme, il explose :

- BIIILLET !

Je le mate durement. Je marque un temps d'arrêt. Le visage grave et méchant d'un Dupont-Moretti.

- Billet ! Vous exigez mon billet ?

Il regarde son compère, perplexe.Ouf! Il a pigé.

- Monsieur ! Billet ! S'il vous plait ?

Un bon point.

Le gros lard mémorera dorénavant la formule de politesse : Monsieur… Madame… S'il vous plait ?

Le bras droit tendu entrain de brasser l'air tel une éolienne en action, un jour de vent, je lui réponds avec la tête d'un Bourvil dépassé par les évènements.

- Mon ticket ? Où l'ai-je rangé ? Bon sang ! Tout en farfouillant mes poches, je reviens sur les graves évènements de ce matin. Vous savez ? À cause des désagréments… Ils s'impatientent. Avant qu'ils ne ruent dans les brancards, je leurs suggère de demander celui des autres passagers en attendant que je retrouve le mien, avec un sourire aussi malicieux ou narquois que celui d'un Louis de Funès.

Les gars assis à côté de moi sont ahuris.

Ils éclatent de rire. Les contrôleurs se sentent mal à l'aise. Le *jambon de Bayonne* pouffe.

- Dis M'sieu ! T'prends pas souvent l'train.

Les deux autres hardis examinateurs qui se dirigeaient d'un pas fielleux vers moi rejoignent à grandes enjambées leur place. Ils sortent leur talkie-walkie, le corps tremblotant. Les deux, debout en face de moi, mal à l'aise, me menacent.

- Billet ! Vite ! Sinon la police vous met au trou.

Pensaient-ils m'impressioner ? S'attendaient-ils à ma riposte ? Elle les prend au dépourvu.

- La police colle au trou tous ceux qui ne possèdent pas de billet ?

Ma suggestion a le don de mettre mal à l'aise les vérificateurs et d'inquiéter les jeunes. En particulier *Bayonne* le gros balaise. Furieux, les yeux en alerte, il ne rigole plus. D'ici qu'il leurs colle une *beigne* avant de se tailler.

À mon tour de jubiler.

Le convoi s'immobilise. Ils déguerpissent à toute vitesse devant des policiers passifs. Une fois tous les jeunes descendus, les forces de l'ordre retrouvent la nature de leur métier : "Servir et obéir." avec une vigueur remarquable. Ils m'empêchent de partir.

L'un d'eux a à peine le temps d'ouvrir sa bouche que je beugle très fort : **Messieurs les policiers !**

Malabar et ses potes stoppent leur course effrénée.

Sagement, ils écoutent la suite.

- **Messieurs les policiers !** Je porte plainte contre les quatre contrôleurs pour **racisme** ! Une pause pour lire l'étonnement à leurs visages avant de répéter. Vous avez bien entendu ? **Pour racisme !**

Les flics tombent à la renverse.

Les contrôleurs, comme s'ils avaient été pris en flagrant délit de se rincer l'œil avec une photo porno, protestent timidement.

- C'est pas vrai. Nous ne sommes pas racistes ! Disent-ils d'un ton hébété.

- Si ! Bande de lâches ! Vous êtes des racistes !

Un uniforme les défend.

- Ils disent qu'ils ne sont pas racistes. »

- Erreur ! Monsieur l'Agent. **Grave erreur !** Je le crie tant à tue-tête que je suis sur le point de péter mes cordes vocales. Je vocifère à nouveau. **Ils sont racistes ! Des grands racistes !** (Si le cas avait lieu aujourd'hui, je complèterai par BLANCS) Voulez-vous la preuve ? Toutes les preuves !

L'attroupement s'amplifie.

Tous s'agglutinent autour de moi. Je reprends de plus belle. Je bombe le torse. J'adopte un ton grave et sentencieux en pointant mon index accusateur sur deux d'entres eux.

- Figurez-vous ! Les deux dégonflés se sont dirigés vers moi. UNIQUEMENT vers moi !

Je respire profondément avant de poursuivre.

- Oui ! Vers moi. UNIQUEMENT ! Des ingrats ! Ils ont négligé les autres passagers.

Les policiers grignent. Laissons-les réfléchir.

- Et les deux autres compères ! Ils sont restés bien planqués. Ils sont payés grassement à se tourner les pouces. Leurs yeux mauvais constamment fixés vers moi. Avec une voix douloureuse, je complète.

- Eux aussi ! Ils les ont profondément ignorés.

J'effectue une nouvelle pause. Je jette un regard circulaire satisfait, à l'instar du politicien démagogue ou de l'avocat pénaliste arriviste et orgueilleux, les spécialistes pour chauffer la salle.

Je me cambre à nouveau, j'assène d'une voix dramatique.

- Oui ! Messieurs. Vers moi seulement. Le pauvre maltraité du matin, assis au beau milieu du wagon.

Plié en deux, je relève la tête et d'une voix forte mais chevrotante, je conclus.

- Moi ! Le pauvre hère malmené par tout ce que je viens d'endurer. Oui ! Deux heures plus tôt dans une Micheline immonde.

La brève explication achevée, bien droit à nouveau, je gonfle la poitrine.

- Pourquoi ? Pourquoi ? Parce qu'ils sont Noirs. Parce qu'ils sont Arabes. N'avez-vous pas honte ?

- C'est parce que… - le nain essaie de se justifier - vite interrompu par son collègue. Il lui balance un grand coup de pied.

La police a saisi. Je repasse le disque.

- N'ont-ils pas honte ! Les considérer comme des sous-citoyens de seconde zone !

Satisfait de ma remarque, je rajoute une couche.

- On ne grandit pas en les rabaissant.

Le gringalet ne s'avoue pas vaincu. Avec une voix à faire exploser un coffre-fort, il tempête.

- Il ne possède pas de titre de transport !

Euréka ! Soulagés, les uniformes retrouvent des couleurs. Ils font corps. Ils vont enfin me coffrer.

Alors ! Je sors mon ticket de ma poche. Je remue mon bras à toute volée de façon qu'un maximum de gens puisse voir le billet. Puis, avec l'air fat supérieur *Montebourguerien*, j'étrille le petit morpion.

- Raciste, menteur et… blasphémateur !

Penaud, le cafteur s'écrase.

À cet instant, Popeye et ses potes ont une révélation. Ils se sentent presque Français.

- Ouais ! M'sieu l'keufs. I n'on pas dmandé not'biyai. Son dé racistes. J'veu moisaussi porté plinte comme bo kostume. Ouais ! Son des racistes. I faut l'mètre au trou.

La foule braille sa frustration. Des racistes ! Des racistes ! Les jeunes réalisent l'indifférence des quatre contrôleurs. Ils ne sont pas des Français à part entière. Leur rage risque de provoquer une émeute.

Une trentaine de flics taillés dans du granit et des gros bras de la SNCF débarquent.

Merci Jospin ! Merci Chirac ! Merci Pécron !

De vouloir nier et travestir le malaise ambiant.

Le plus haut gradé, un fin psychologue, aplanit la révolte avec beaucoup de tact et de diplomatie.

Resté seul, je l'excite une ultime fois, juste pour la forme, avant de rejoindre l'ami Pierre.

J'ai une faim de loup.

- Oui ! Monsieur le Sergent..

- Capitaine !

- Capitaine ! Si ça vous fait plaisir.

Je poursuis mon débat.

- Vous avez bien constaté. Les jeunes étaient tous prêts à témoigner. Mais ! Je l'admets. Vous avez fort bien agi. Pour porter plainte légalement, il faut posséder un titre de transport valide. Bravo ! Une remarque bien plus efficace que les matraques. En douceur. Aucune bavure. Chapeau !

Les derniers curieux s'éparpillent. Je repars avec le Capitaine.

- Ce n'est pas de leur faute. Ils ont reçu des consignes. À quoi bon coller des amendes, ils ne sont pas solvables. Ni leurs parents d'ailleurs. La plupart ne travaillent pas. Comprenez !

- Alors ! Je suis le bouc émissaire. Ils se défoulent contre moi.

- Peut-on leurs en vouloir ? Nous aussi, nous agissons pareillement quelquefois. Juste des actions tape-à-l'œil bien médiatisées sans grande efficacité. Nous avons reçu des ordres stricts du gouvernement et des mairies. Il ne faut pas les embêter dans leurs petites affaires de drogues tant qu'il n'y a pas de morts. Ça s'appelle la paix sociale.

- Plutôt abandon et lâchété. Si les lois de la République sont détournées, si la Justice ne sévit pas, notre pays est en danger.

- Nous y sommes déjà. Si vous saviez tout ce que les Français moyens ignorent sur la conduite et le comportement scandaleux de quelques élus. Ils sont censés avoir encore plus de conscience. Pourtant ! Ça ne les gênent pas de mentir, tricher, voler, voire de violer. Ils ne sont jamais condamnés. Un jour, tout va péter.

***

La prémonition de Gérald Colomb, « Aujourd'hui, on vit côte à côte. Je crains que demain on vive face à face » s'est confirmée plusieurs fois cette année dans maints endroits en France.

Dernièrement, le 24 octobre 2021, dans La Duchère à Lyon, un quartier complètement rénové par ses soins lorsqu'il était le maire, des policiers ont essuyé des tirs de coups de fusils. Ceci prouve que s'attaquer sur la forme des bâtiments seulement en oubliant de traiter l'essentiel, est insuffisant.

Je suis désolé pour la femme à la poitrine généreuse. Celle qui avait râté sa corresponance, une fois de plus, à Ermont-Eaubone pour Saint-Leu-La-Forêt à cause des racailles déjà bien identifiées dans les années 1990.

En ce mardi 3 novembre 2021 vers 23 heures, un policier en civil a été frappé et volé par quatre individus au niveau de la gare de Saint-Leu-La-Forêt. Ils suivaient le fonctionnaire au sein de la Brigade des réseaux franciliens (BRF) depuis la gare du Nord. « On sait très bien où tu travailles, t'es un sale flic de merde… Qu'est-ce que tu viens faire dans notre secteur ? On sait très bien que tu habites dans le 95. » Il s'est fait défiguré. Il s'est vu mourir. Cependant, il n'a pas voulu utiliser son arme. Il craignait être immédiatement jeter en pâtures par les médias de gauche. Il est présumé coupable pour les colporteurs du journal Le Monde qui a fait d'Assa Traoré une icône. Heureusement, deux voyageurs, en entendant ses appels, se sont interposés pour le protéger. Le lendemain, quatre personnes étaient en garde à vue pour violence. (FR3 Paris Ile de France).

Les individus déjà connus par la police, seraient des délinquants aguerris.

Toujours un vague sentiment d'insécurité, Monsieur Dupont-Moretti ?

Encore une révélation haineuse, Madame Hidalgo ?

Vite ! Interdisons de divulguer, Monsieur le communiste Fabien Roussel ?

Une falsification de l'histoire ! S'excite BHL.

Le 8 novembre 2021, devant le commissariat de Cannes, un policier est blessé grièvement au couteau au nom du prophète.

Il eut la vie sauve grâce à son gilet pare-balles et au courage de son collègue qui neutralisa l'assassin.

Le 23 novembre 2021, une brique jetée sur les forces dans le quartier dit *de reconquête républicaine* de l'Ariane fait la Une du Nice-Matin. *Reconquête de la France* aurait plus d'impact. La République est si galvaudée. On l'adapte à toutes les sauces, même les plus indigestes : *Démocratique* dans l'ex-Allemagne de l'Est, *Islamique* en Irak, pourquoi pas *Progressiste* dans celle de Macron, avec Alice Coffin en Marianne pour le prix de son ralliement après celui de de Rugy le homard.

La multiplication des enclaves ou la radicalisation de la violence amplifient l'insécurité. Principalement, par la faute de gens qui rejettent les mœurs, les codes et les règles de la France.

Au point que 750 policiers en détresse appellent l'aide de casques protecteurs, depuis août 2020.

Une protection des véhicules de la police garés près des commissariats devient-elle nécessaire ?

Firminy, une ville de 17 135 habitants, située à 13 km de Saint-Étienne, l'ancien cœur de l'industrie métallurgique, est connue jusqu'à présent pour la façade audacieuse de sa Maison de la Culture et l'architecture avant-gardiste de son Église, deux bâtiments conçus par Le Corbusier. Ils témoignaient d'un côté, la volonté de donner les clés du savoir à tout le monde, de l'autre, la présence depuis Clovis de la prééminence de la religion catholique.

Elle a rythmé la France dans sa grandeur, parfois dans sa noirceur.

Aujourd'hui, le 11 et 12 décembre 2021, Firmny la ville vantée par les Agents Immobiliers pour son art paisible de vie champêtre, s'illustre par l'incendie de deux voitures de police et de deux petits utilitaires appartenant aux forces de l'ordre, stationnés près du commissariat.

48 heures plus tard, trois mineurs, dont une jeune fille, ont été interpellés.

Les trafiquants de stupéfiants, gênés dans leur traffic depuis quelques semaines, ont donné un premier avertissement en guise de représailles, d'après le journal *Le Progrès*.

« Ne nous dérangez pas ! »

Firminy à nouveau à l'honneur le 31 décembre.

Son hôpital eut le privilège de soigner un infirmier libéral, tabassé et rué de coups par deux jeunes qui tentaient de lui dérober sa voiture, dès 7h30, dans le parking du quartier à risques du Chambon où les médecins évitent de s'aventurer. (*France 3 Auvergne*)

Cavaillon, l'autre ville célèbre pour son melon, entre autres, a également quelques problèmes avec la cité Saint-Martin. Aucun média, excepté *ACTU 17*, n'a révélé ce qui survint le 3 janvier 2022 vers 7h45.

À proximité d'une école de surcroît.

Un homme a ouvert le feu plusieurs fois sur une voiture en stationnement. Le propriétaire de la Clio est connu de la police pour des faits liés à la drogue.

Le tireur prit la fuite en hurlant « Allah Akbar », puis menaça une joggeuse avec son arme.

Darmanin et Macron ont-ils réagi avec vigueur à ces trois incivilités, loin d'être des cas isolés.

Il y a tant de faits divers survenus si récemment dans n'importe quel endroit de France, du village à la grande ville. Dans les rues, les salles de cinéma, les transports en commu ou dans une procession religieuse qui fait partie de nos traditions.

À Nanterre, ce mardi 8 décembre 2021, une procession catholique fut huée, insultée et menacée de morts. Dans le quartier Pablo Picasso, une dizaine de personnes les ont traités de Koufar (mécréants), l'un a craché sur le prêtre, d'autres criaient : « Wallah ! Vous n'êtes pas chez vous » La procession se termina sous la procession de la police.

Entre le 1er janvier et le 12 janvier 2022, huit églises ont été endommagées (Vols/Décapitations).

Pour camoufler le bilan calamiteux de Macron, des têtes pensantes cogigent la meilleure réponse afin de détourner les Français d'un de nos problèmes majeurs : la **Sécurité**. Elle ne saurait tardée.

Lætitia Avia ! Au lieu de mordre un chauffeur de taxi, frictionnez les oreilles de tous ces chenapans.

$$3$$

Dans mon livre précédent, LE DOUBLE JEU/Le mépris, je signalais les graves égarements de la Justice, des avocats, des huissiers, des élus et de la servilité du personnel juridique de la Ville de Cannes.

Le 15 décembre 2021, les magistrats, les greffiers font grève pour signaler leurs manques de moyens.

Macron ! Faites des économies avant de creuser le trou du déficit. Commencez par appliquer ma suggestion sur l'article R111-21. Un virus meurtrier.

En infligeant immédiatement de lourdes sanctions financières et pénales à toute mairie qui commet un détournement de pouvoir, il réduit la surcharge de travail dans les Tribunaux. Autre avantage, on évite la nuisance d'une majorité d'avocats incompétents.

Plusieurs devraient être radiés et aller en prison.

Aussi, je pense que le commentaire de Catherine Massaut, ex-avocate et magistrate, me semble plus utile que la répétition de mes écrits.

Quand la justice se dérobe

Depuis de nombreuses années, la sanction pénale a abouti progressivement à ce que j'appellerai un déclassement des peines pénales, c'est-à-dire un manque de cohésion entre la peine ou la sanction prononcée et la gravité du fait ou des faits poursuivis.

Plusieurs facteurs doivent être considérés ici :

- L'explosion de la délinquance. Elle provient d'environ 70 à 75 %, voire dans certaines villes, de 80 à 90 % des personnes issues de l'immigration méditerranéenne et subsaharienne, qu'elle soit française ou non, dotée ou non d'un statut légal en France.

- Le manque de moyens récurrent en personnel et en dotation d'ordre financier dont souffre l'institution judiciaire. Les magistrats, huissiers d'audience, greffiers, éducateurs et, enfin le plus important sur le plan pénitentiaire, le parent pauvre de la justice, le défaut cruel de places de prison. Aucun gouvernement depuis 40 ans - en dépit de l'explosion de la délinquance - n'a pris l'initiative de faire construire des prisons pour des raisons à la fois budgétaires et surtout idéologiques. Il ne faut pas enfermer les délinquants. La prison est criminogène. Ce n'est pas leur rendre service. La prison ne constitue pas un digne outil d'une République qui se respecte. Nous sommes dans le droit fil de la déconstruction en matière judiciaire initiée par les nouveaux philosophes. Le principal dans ce domaine étant Michel Foucault (cf « surveiller et punir »). Selon l'idéologie de ces intellectuels il convient de saper l'autorité et de respecter la liberté individuelle dans tous les sens du terme. La sanction n'est plus à l'œuvre. Seule la prévention peut sauver les âmes.

- La loi Peyrefitte, du 2 février 1981 dénommée « Sécurité et liberté » protégeait par définition la sécurité et la liberté des personnes. Chacun s'en souvient. Elle avait soulevé des tollés de réprobation par l'intelligentsia socialiste qui avait, en ce temps-là, le vent en poupe. Le culte du progrès et de la liberté prônés par les « maîtres censeurs » ont finalement eu raison de cette loi dont le volet pénal est devenu peau de chagrin. Les bâtisseurs de la reconstruction ne s'intéressent pas au sort des victimes mais leur nombre aujourd'hui, est trop flagrant, trop criant. C'est pourquoi le citoyen interroge la justice. Pourquoi les peines prononcées sont elles si basses ? Qu'est ce que fait à la barre un multirécidiviste ? Pourquoi un bracelet électronique à un individu fiché S ?

- La politisation des magistrats. Le rôle phare du syndicat de la magistrature, qui s'est distingué il y a quelques années par son « mur des cons », est hostile à toute forme de répression du délinquant considéré de facto comme une victime de la société. Dans un moindre mal l'influence de l'union syndicale des magistrats, syndicat principal, consensuel et suiveur. À partir du moment où l'on considère que le délinquant est nécessairement une victime de la société, on est enclin naturellement à diminuer son degré de responsabilité pénale et partant, à prononcer une sanction plus douce que celle qui serait méritée/adaptée, au vu du dossier, en temps normal.

Pour faire simple, aujourd'hui, on peut constater, que l'échelle des peines n'est absolument plus en harmonie avec les profils des délinquants présentés au juge pénal. Ils sont bien souvent issus de minorités diverses et variées provenant pour bonne partie d'entre eux d'outre-Méditerranée. Ils sont de plus en plus jeunes, de plus en plus violents. Des jeunes gens entre 12/25 ans qui évoluent au sein de systèmes mafieux mis en place dans de nombreux quartiers repliés sur eux mêmes (trafic de drogues, armes, prostitution et j'en passe), des quartiers où le terme « République » est devenu une abstraction... Laquelle se caractérise concrètement par une forme d'auto exclusion de la société...

Et bien sûr, parmi ces jeunes, des jeunes gens qui tètent au sein de leur mère la haine des valeurs du pays d'accueil et de ses citoyen(ne)s de souche / les autochtones, tout comme la haine des juifs, d'ailleurs, soit-dit en passant. °

° Le livre de Georges Bensoussan, *Les Territoires perdus de la République*, publié en 2002, est né du constat alarmé de professeurs de l'enseignement secondaire de la région parisienne.

Déjà, il se produisait des « incidents » à caractère antisémite, raciste et sexiste.

Georges Bensoussan affirma le 10 octobre 2015 dans l'émission *Répliques* de France Culture :

« *Dans les familles arabes, en France, et tout le monde le sait mais personne ne veut le dire, l'antisémitisme on le tète avec le lait de sa mère.* »

Certes, pas toutes les familles arabes.

Comme pas toutes les mères allemandes du temps d'Hitler, ou toutes les mères russes ou chinoises du temps de Staline et de Mao.

Revenons au constat de Catherine Massaut.

Sachant cela, le code pénal pour mineur de Madame Belloubet prévoit - au grand ravissement d'Edouard Dupont-Moretti - l'irresponsabilité pénale des enfants jusqu'à 13 ans...

Quand on sait qu'ils sont parmi les plus dangereux, ça laisse rêveur ... « La négation bobo du réel criminel » incarné par nos élites (Xavier Raufer).

Rêveur aussi quand Macron qualifie d'incivilités de véritables lynchages et des meurtres...

De fait, la justice a perdu en crédibilité depuis bien des années pour les raisons ci-avant exposées.

À savoir, la politisation à la gauche de la gauche de bon nombre de magistrats, les peines frisant le ridicule, le manque de moyens. Ce qui laisse actuellement 100.000 peines en attente d'être exécutées.

Résultat ?

Le délinquant est condamné mais reste libre.

Le tout étant transcendé par la doxa bien pensante.

Elle incite les magistrats, déjà peu enclins à prononcer des peines de prison fermes, de façon subliminale mais non moins persuasive.

Elle dédouane cette classe de la population par peur également de déclencher des représailles dans les banlieues. Ne pas les punir, sévèrement s'il le faut, nous rend à leurs yeux faibles et méprisables et les renforce dans leur caïdat et leur sentiment de puissance. Y compris auprès des plus jeunes

À titre d'exemple, j'évoquerai l'ordonnance du 2 février 1945 relative à l'enfance délinquante qui fixe les règles de procédure pénale, spécifiques aux mineurs. Cette ordonnance a été signée sous le premier gouvernement du Général de Gaulle, le gouvernement provisoire de la République française.

On peut aisément imaginer l'évolution *spectaculaire* de la délinquance. Les jeunes en France, en 2021, ne correspondent absolument plus à ceux de 1945 qu'il convenait de protéger par cette ordonnance spécifique, du fait de la guerre dont ils avaient profondément souffert. Cette ordonnance prône en premier lieu la prévention et le cas échéant la sanction lorsqu'un mineur est concerné par une affaire pénale.

À n'en point douter, de nombreux jeunes gens ou jeunes filles sont en déshérence, pour des raisons familiales multiples. Ils commettent des faits délictueux (vol à la tire, vol avec violence, bagarre, rixe, vol avec arme ou pas etc.). Ils tombent progressivement dans un engrenage mortifère.

Il est bien évident que nombre d'entre eux - parce qu'ils sont en danger - doivent faire l'objet d'une protection particulière, d'un regard et suivi bienveillants, mais ferme aussi.

Ils doivent apprendre à respecter l'autorité, à commencer par celle de la Justice incarnée à la fois par le juge, par l'avocat et par l'éducateur qui le prendra en charge dans le cadre de la sanction préventive.

Pour autant, si la prévention (des mesures et des sanctions éducatives) est un mode d'encadrement indispensable, elle doit céder la place à des formes mieux adaptées.

Si après plusieurs avertissements (remise à parents, admonestation par le juge des enfants, rappel à la loi, sursis simple, sursis avec mise à l'épreuve, bracelet électronique), le jeune justiciable n'a toujours pas compris qu'il doit se faire oublier et rentrer dans le rang, l'emprisonnement ferme est nécessaire.

D'ailleurs, la police a raison quand, indignée, elle clame : « Que fait la justice ? »

Alors que faire ? Que faire face à cette justice inerte, abandonnique ? Une justice qui n'est plus que l'ombre d'elle-même.

Il n'y a pas quatre chemins.

Il faut changer le logiciel pénal :

- Modifier toute l'échelle des peines.

- Rétablir les peines planchers.

- Alourdir les peines dès lors qu'il s'agit d'atteintes physiques qui ont été commises sur une victime.

- Supprimer les réductions de peines (générales et spéciales) et en particulier, la liberté conditionnelle pour les assassins djihadistes.

- En ce qui concerne les mineurs, tout d'abord abaisser la majorité pénale à 16 ans. Car les mineurs les plus violents ont entre 13 et 18 ans. Il faut modifier les règles qui gouvernent leur garde à vue. Donner la préférence à la prison lorsque manifestement le seuil de tolérance a été dépassé. Enfin, lever l'excuse de minorité dans les cas d'atteintes physiques, en particulier, s'agissant d'une agression d'un membre des forces de l'ordre.

- Supprimer la double nationalité en cas de condamnation.

- Expulser les délinquants étrangers pour leur faire purger leurs peines dans leur pays d'origine.

- S'ils sont français, ne pas hésiter à avoir recours à des sanctions plus fermes de sorte qu'il comprennent que la vie en société implique un savoir-vivre, un savoir être à l'autre, à commencer par le respect et la dignité de son voisin.

- Multiplier les centres fermés pour les mineurs delinquants.

- Réinstaurer une juridiction speciale pour les djihadistes et les isoler du reste de la societé.

- Construire des prisons.

Il convient également de modifier le mode de recrutement des magistrats.

Il est possible de s'inspirer du modele anglais.

Les impétrants passeront pas la "case Barreau" avant que ne leur soit delivré un permis de juger à la suite du concours et de la scolarité de l'École Nationale de la Magistrature/ENM.

Afin de mieux cerner les milieux sociétaux qu'ils auront à découvrir et décrypter pour mieux appréhender les situations diverses des justiciables dont ils auront a connaître les difficultés.

Il convient également de veiller à éradiquer toute forme de politisation des magistrats et les dérives qu'elle entraine sur le plan institutionnel.

On constate comment, en trente ans, depuis l'arrêt Gisti en 1978 (Les étrangers résidant régulièrement en France ont aussi le droit de mener une vie familiale normale), et l'arrêt Nicolo en 1989 (Il entérine sa primauté sur le droit national.), la jurisprudence du Conseil d'État, très nettement en faveur des migrants, met le législateur devant le fait accompli. Elle est confortée en cela par la Cour européenne des droits de l'homme/CEDH... ce faisant, elle renverse les rôles.

Le législateur se borne à avaliser la jurisprudence de la plus haute instance administrative.

Il faut que ces petits caïds des banlieues comprennent une bonne fois pour toute.

Ils ne peuvent plus impunément voler, violer, égorger, défenestrer, et plus généralement, agresser seul ou en réunion, avec un couteau ou une arme de poing, voire une Kalashnikov etc....

Ils doivent savoir qu'ils vont en payer le prix et le prix fort. Au diable la doxa charitable du camp du bien qui ne connaît de la justice pénale que les séries télévisées pleines de bons sentiments, ou Black Lives Matter (Les Vies des Noirs Comptent). Ou la doctrine des années 1970. Celle qui critiquait via Michel Foucault l'inutilité des prisons.

Des prisons considerées davantage comme un élément d'oppression et de bouillon de culture pour le délinquant que de lui permettre une possible réinsertion et comme un moyen, pendant une certaine durée, de sécuriser la société.

Ce temps là est révolu. Il n'est plus adapté à la brutalité des délinquants actuels. Il convient donc d'appliquer des peines plus sévères conciliables avec une réflexion sur l'avenir du détenu et sa réinsertion à condition de s'en donner les moyens.

Il ne faut plus qu'une femme de 80 ans (ni aucune autre d'ailleurs, quelque soit son âge) soit violée.

Il ne faut plus qu'une femme - par ce que juive - soit rouée de coups puis défenestrée.

Il ne faut plus que la vie d'un jeune homme de 20 ans, battu sauvagement, soit anéantie par ses séquelles neurologiques à vie.

Il ne faut plus qu'un chauffeur de bus soit matraqué à mort.

Il ne faut plus qu'une jeune femme gendarme soit écrasée par un chauffard, ni qu'une jeune aide-soignante soit également écrasée par deux soudards en voiture qui l'auront traînée sur 800 mètres, la laissant pour morte et démembrée à l'issue de leur rodéo ...

Il ne faut plus qu'un jeune docteur en sciences Guinéen soit poignardé à mort devant sa femme et sa petite fille.

Il ne faut plus tout simplement que les citoyens se sentent en insécurité ou, dit en d'autres termes, il faut que l'insécurité change de camp.

À ce titre il faut remettre l'église au centre du village en replaçant la victime au centre du prétoire.

Aujourd'hui les 2/3 d'une audience correctionnelle concernent l'auteur des actes délictuels (en cours d'assises les enjeux ne sont pas les mêmes) et le tiers restant consacré à la victime, demeurée quasiment en marge du procès de son agresseur.

Il faut rétablir l'équilibre entre les parties.

Mais pour cela il faut une réelle volonté, une volonté politique, une volonté qui vient d'en haut, qui vient des pouvoirs publics, qui vient du ministre de la justice qui décide de la politique pénale mise en place par les juridictions de l'ordre judiciaire.

Et bien sûr il faut que les magistrats appliquent cette politique pénale qui soit à la fois juste et ferme car ne n'oublions pas, force doit être à la loi.

***

Le témoignage de François Ratjaj détonne.

Yves, mon copain écrivain…

« Pas de problème pour que j'insère un bloc de texte dans ton dernier bouquin ! » t'ai-je dit. Entre voisins, je pouvais facilement te rendre ce service d'autant que j'écris tous les jours et voilà un quart de siècle que j'entretiens cette activité quotidienne.

En ce moment, alors que je pourrais tranquillement goûter une retraite paisible, je suis toujours assez fou pour me casser la tête sur un sujet ô combien épineux: la justice mafieuse.

Ma sensation ?

Elle est exactement celle que tu décris à la page 41 de ce même bouquin lorsque tu parles des transports en commun que tu utilisais à une certaine époque.

Voici ce que tu racontes donc :

« Arrivés à Valmondois, cinq minutes plus tard, que vois-je ? Horreur ! Une vieille Micheline aux vitres fracturées, recouverte de tags, s'expose à la vue de tous. Ils auraient pu ranger la ruine pouilleuse ailleurs, me dis-je. Consternation ! Des personnes s'y précipitent. Un homme m'interpelle: « Vous allez bien à Persan-Beaumont ? Dépêchez-vous ! » En y pénétrant, une odeur pestilentielle monte à ma gorge. Partout, des traces d'urine, de bière et de vomi sont encore bien présentes. Un véritable patchwork repoussant. »

En ce qui me concerne, c'est ce que j'ai ressenti lorsque j'ai découvert ce qu'est notre système judiciaire actuel. Il y en a qui vous parleront de la justice en regardant simplement passer la vieille Micheline tout en restant sur le bord de la voie ferrée. Moi, j'ai fait comme toi : je suis monté dedans et j'ai vu, senti et comme toi, j'ai failli vomir…

Tu as voulu nous montrer dans ton livre Yves que notre belle France profonde s'islamise à outrance.

Il y a plus de trente ans que Jean Marie Le Pen avait attiré notre attention là-dessus mais personne n'a voulu l'écouter.

Je me demande d'ailleurs si je ne suis pas moi-même en train de m'islamiser car la célébration de Noël, par exemple, prend de moins en moins de signification à mes yeux d'année en année.

Nous sommes le 25 décembre 2021, il est sept heures du matin et je n'ai surtout pas la gueule de bois ce matin contrairement à des milliers de mes compatriotes. Je me suis contenté hier soir d'un sandwich au saucisson et d'une poire en dessert.

Et… Tout seul devant la télé dans notre maison de Nice…

Mon épouse Catherine est pendant ce temps avec sa grande famille dans le massif du Mont Blanc. Le chalet est plein à craquer d'enfants catholiques piailleurs pour lesquels Noël signifie « cadeaux »…

Il nous faut respecter les croyances et les goûts de chacun; c'est ce que je fais avec Catherine depuis toujours.

C'est ce que tu dis également dans ce livre Yves et tu te poses évidemment ensuite la question : « Jusqu'où ? »

Ma nuit de Noël ?

Je l'ai passée en grande partie avec Facebook comme je le fais toutes les nuits.

Au mois de mars 2022, cela fera deux ans exactement que je me suis focalisé sur ce sujet de la justice corrompue et Dieu sait si ce sujet est une véritable pieuvre avec plein de tentacules et des centaines de ventouses capables chacune de t'aspirer comme un pauvre insecte vulnérable !

Les réseaux sociaux sont mon terrain de communication favori depuis quelques années en tant qu'écrivain.

Cette nuit, j'ai distribué dans différents groupes un message court et très précis : combien d'argent on donne au système judiciaire pour fonctionner dans notre pays et combien d'argent est réellement utilisé pour ce fonctionnement ?

Je te donne ces deux chiffres : neuf milliards d'euros et cent-cinquante milliards d'euros.

Chacun d'entre nous a une façon bien à lui de surmonter cette période de fourberie ahurissante et notamment au niveau du système judiciaire, n'est-ce pas ? Ma façon à moi, c'est l'écriture et le dessin, vous l'avez tous remarqué.

J'ai dit « surmonter » ?

Oui… Surmonter ou crever, c'est aussi simple que cela.

Et avant de crever, acheter une kalash et arroser tout autour de soi pour tuer un maximum d'innocents avant de se donner la mort.

Vous avez tous eu au moins une fois cette pensée et comme vous savez très bien que, plus franc du collier que moi vous ne trouverez pas, je vous la formule par écrit.

Écrire et dessiner me calme un peu mais si peu !

J'attends toujours que quelqu'un de courageux se lève dans les rangs et braille : « En avant ! » Ce jour-là, je pousserai de côté le courageux en question en lui disant : « Bravo ! Maintenant, laisse-moi passer devant ! »

Bien ! Revenons à des pensées plus catholiques puisque cette période s'y prête bien.

Voilà effectivement deux ans bientôt que je me suis attelé à ce sujet de la justice corrompue.

J'avais pourtant écrit auparavant une soixantaine de bouquins mais il faut bien avouer que ce sujet-là est une source d'inspiration monumentale.

J'en suis au quatrième bouquin que j'écris sur ce sujet des robes noires qui agissent en bande organisée.

Je vous en donne la liste avec les titres :

- « Le carnaval judiciaire de Nice » : 474 pages.

- « Je vous explique la justice » : 134 pages (bande dessinée).

- « Justice de merde ! », tome 1 : 600 pages.

- « Justice de merde ! », tome 2 : j'en suis à 450 pages.

Je ne suis pas prêt de stopper cette impressionnante liste car j'ai chaque jour une inspiration nouvelle. Je crois toujours que c'est la dernière et puis non…

Je m'arrêterai là Yves pour me situer par rapport à tes lecteurs. Bien sûr que je peux t'en rajouter une tartine et une bien grande.

Mon analyse du système judiciaire ne sera surtout pas la traditionnelle que l'on voit faire par les journalistes car je n'ai rien à voir avec un délinquant.

Rien à voir et pourtant c'est bien avec cette moulinette-là que mon cas a été trituré dis donc !

Au départ, une affaire toute simple au civil.

Archi simple à traiter que je te dis !

Même pas de la dimension de la tienne Yves où il était question quand même d'une affaire de promotion immobilière portant sur plusieurs millions d'euros.

Tu es tombé sur des gens sans foi ni loi qui ont mis gravement ta santé et celle de ton épouse en jeu.

Sans loi…

C'est précisément ce que j'explique dans chacun de mes écrits : ne sollicitez jamais la justice ! JAMAIS !

Chassez de votre esprit cet idéal de la justice que l'on vous inculque sur les bancs d'école alors que vous êtes encore un bambin naïf.

La justice est un commerce frauduleux, rien d'autre !

Et comme tout commerce, ils ont intérêt à vous garder comme client le plus longtemps possible.

Ce sera d'abord un petit référé qu'ils osent qualifier de « procédure rapide » et qui a demandé chez moi deux années de palabres.

Pendant ce temps, les copains avocats se contentent d'utiliser leur fichier RVPA (Réseau Privé Virtuel des Avocats) tout en restant tranquillement installés dans leur bureau.

Mon cas de figure fut d'autant plus vite réglé que l'affaire était au nom de « Mademoiselle » Catherine G…

Nous nous sommes mariés depuis et j'ai pris le relais. Même si je n'avais pas pris le relais, j'aurais été obligé de patauger dans cette gadoue.

Le jugement sur le fond qui a été rendu est une vaste rigolade. Ils utilisent les techniques traditionnelles : usage de faux et ils m'ont fait passer pour un cinglé.

Et ça marche ! Ouais !

J'ai eu droit à ma garde-à-vue avec descente de police en pleine nuit, s'il vous plaît ! Et j'ai été hospitalisé d'urgence en pleine nuit, s'il vous plaît !

Oui, j'ai réellement failli passer l'arme à gauche sur ce coup-là, s'il vous plaît !

Que crois-tu donc que l'on devient après Yves ? Hein ?

J'avais stoppé ma bafouille à ce stade en pensant que cela te suffirait mon cher Yves.

Tu m'as téléphoné ce même jour pour me demander d'en remettre une louche.

Une louche sur les avocats…

Aucun problème !

Bien sûr que je t'en remettrai une louche sur ces avocats qui t'ont pourri la vie, m'ont pourri la vie, pourrissent la vie de milliers de victimes dans ce pays et permettent à ce système judiciaire perfide de sévir encore et toujours !

J'avais donc engagé une action en justice pour clarifier un point de détail totalement insignifiant dans mon lotissement.

C'était en 2008.

Pour tes lecteurs Yves, je ne me concentrerai que sur les deux premières procédures. Je ne vais pas les parcourir toutes sur plus de dix ans car ce serait bien trop long.

Avec ces deux seules procédures – un référé et un jugement sur le fond – je réussirai déjà à vous prouver qu'un avocat n'est pas là pour défendre les intérêts de son client mais il existe bel et bien pour fricoter en bande avec ses copains en robes noires et piquer un maximum de fric aux cons que nous sommes.

Mon action en justice a été menée au nom de Mademoiselle Catherine G…

J'avais acheté une propriété à son nom car nous n'étions pas encore mariés au moment où nous avons emménagé dans ce lotissement. Pourquoi à son nom ? Car entre Catherine et moi, il y a une grande différence d'âge.

Suffisant comme explication ?

L'action en justice n'avait qu'un seul but : confirmer que le rond point dans le lotissement n'est qu'une zone de retournement (un « tourne bride » comme l'appelaient nos anciens). C'était clairement inscrit dans le cahier des charges de toute façon (qui date de 1955 mais toujours en vigueur).

J'ai fait cela pour avoir une bonne base de discussion lors des assemblées générales d'autant que certains petits malins revendiquaient une partie de la propriété de ce rond point.

Avec le temps se font des piratages que le notaire « oublie » de signaler ou ne veut pas voir carrément.

Nous voilà donc partis sur un premier jugement en référé qui a été rendu en 2010 et qui a demandé plus de deux ans de réflexion.

Tout cet argent dépensé dans quel but ?

Pour apprendre que le juge n'est pas compétent en la matière… C'est son copain le juge du fond qui devra trancher…Mon avocat encaisse ses honoraires, l'avocat de la partie adverse fait de même, l'assurance protection juridique indemnise en partie et chacun regagne ses pénates.

Ah ! J'oubliais !

Je suis débouté sur ce coup-là et condamné à verser mille cinq cents euros sur le fondement de l'article 700 du code de procédure civile…

C'est à ce stade que j'ai vu apparaître pour la première fois un faux en écriture.

Par la suite, je me suis aperçu que c'est archi fréquent dans ce système de justice pourri.

C'est l'article 441 du code pénal qui punit d'emprisonnement et d'une forte amende celui qui commet un tel délit.

En principe, c'est ce qui devrait se passer, que ce soit avec un avocat, un juge ou quiconque.

En principe…

Moi, je me suis retrouvé avec l'avocat de la partie adverse qui annonçait froidement que le rond point de mon lotissement est un parking !

Moi et mon esprit cartésien d'ancien ingénieur, j'avais l'impression de me trouver sur une autre planète.

Moi qui sais lire et écrire puisque je suis de « l'ancienne » génération, je perdais contact avec la réalité.

Moi et mon prétendu talent d'écrivain, je n'avais plus qu'à aller me rhabiller.

On m'attaquait sur mon propre terrain dis donc !

Ce fut le point de départ de tout cet imbroglio.

Tout ce qui a suivi n'a fait qu'empirer et j'ai préféré en rire. Rire et payer : à ce jour, j'ai laissé plus de trente mille euros dans ce cirque.

Je vais résumer ensuite car je m'aperçois que j'ai tendance à m'étaler Yves.

C'est ce qui se passe toujours lorsque les gens déroulent leurs tracasseries en justice et pourtant ce sont toujours les mêmes choses.

Allez ! Je te les résume ces mêmes choses.

On y trouve à chaque fois :

- Des faux en écriture.

- Dossiers ou preuves mis à la poubelle.

- Pas de contradictoire (principe fondamental du droit pourtant).

- Quand une expertise est missionnée, tu es sûr que l'expert est la putain du juge. Pas tous! *Of course.*

Il y a d'autres petites combines et je les passerai en revue une autre fois.

Yves, tu dois savoir qu'une simple affaire au civil comme la tienne ou la mienne se retrouvent au pénal très facilement car le commerce perfide de notre justice le veut ainsi.

Moi qui ai enquêté dans bien d'autres domaines, tu dois savoir aussi que beaucoup de plaignants perdent la santé dans cette moulinette infernale et ils y perdent la vie aussi, tout simplement.

Tu sais aussi, je pense, qu'il est inutile d'aller se plaindre au ministre ou au président car ce système est corrompu du sol au plancher. Pour se défiler et pour que tu leur foutes la paix, ils te servent à tout bout de champ leurs locutions bidon : « séparation de pouvoirs » et « état de droit. »

Allez ! Terminons !

Un jugement sur le fond a donc été rendu en mai 2014 : un chef-d'œuvre d'imbécilités !

Forcément, en démarrant sur de telles bases, tu ne peux que bâtir une construction foireuse.

J'ai été débouté encore, inutile de te le préciser il me semble.

J'avais dressé un tableau « Contradiction entre deux jugements » car, rien qu'au niveau de la rhétorique, le référé et le jugement du fond se télescopent.

Il n'y a pas besoin d'être géomètre, juriste ou savant, il suffit de lire et comparer.

Bon ! C'est ainsi que tout cela fonctionne mais à l'époque, en 2014, j'étais un citoyen naïf moi !

Je n'avais jamais sollicité auparavant la justice, moi !

Je pensais que les impôts que je payais dans ce pays permettaient d'instaurer l'ordre, la loyauté, la fameuse « loi » et le « droit » en un mot.

Attends, attends Yves. Une dernière précision encore…

Elle concerne le scénario de « psychiatrisation punitive » car c'est ainsi que je l'ai désigné ensuite lorsque j'ai enquêté de façon plus approfondie sur le fonctionnement de ce système judiciaire.

Je sentais bien chez mon avocat comme une certaine nonchalance face aux faux en écriture balancés par son confrère adverse.

D'autre part, lorsque son confrère me faisait passer pour un malade mental (c'était écrit entre les lignes dans les conclusions adverses mais c'est bien ce qu'il fallait comprendre) mon cher avocat me déclarait avec un large sourire : « Faites-moi confiance ! »

Faire passer un gars pour un cinglé afin de le déstabiliser est une technique très courante, je le sais aujourd'hui et j'y suis habitué.

À l'époque, je le répète, je découvrais.

Et j'ai bien découvert, tu vas voir.

Juste avant le jugement sur le fond, en mars 2014, vers minuit, déboulent chez moi des Rambos qui m'embarquent et me foutent en taule…

J'ai fait une attaque cardiaque et me suis retrouvé à l'hôpital.

Ensuite, ils me transfèrent dans un autre commissariat dans un état comateux sans prévenir leurs copains que je sors de l'hôpital dans un état complètement dévasté.

Ils souhaitaient me confronter à mon accusateur mais j'étais incapable de parler.

J'avais demandé à mon avocat de venir m'assister lors de la garde-à-vue mais il n'a pas daigné se déplacer.

C'est bien à ce stade que ma perte de confiance en lui a vraiment démarré. C'est bien à ce stade que j'ai constaté que, non seulement je n'avais pas un appui avec cet avocat mais un ennemi.

Un ennemi et plusieurs autres : la bande organisée dont je parle souvent.

J'ai écrit un bouquin sur ce scénario qui a failli me coûter la vie: *Z'êtes bipolaire? Allez zou! En garde à vue!*

J'ai également envoyé un courrier à l'OPJ (Officier de Police Judiciaire) à la suite de mon incarcération.

Il me paraît utile de l'insérer dans ton bouquin et le voici :

« Courrier du 16 mars 2014 à l'OPJ (une femme).

Lorsque je vous ai quittée le mardi 11 mars après-midi, il m'a semblé que vous vous étiez forgé une opinion précise suite à tous ces litiges en cascade.

Je vais donc vous fournir ces quelques éléments supplémentaires à joindre au dossier.

Plan 1a : situation initiale

Plan 1b : situation actuelle

Plan 1c : seule solution viable

Après toutes ces péripéties, preuve a donc été définitivement établie que les deux seules places de parking initialement prévues pour tout le lotissement ne sont absolument pas la propriété privée du lot n°10 (M. X…). Vous l'avez dit vous-même : l'acte notarié correspondant n'existe pas. La seule solution technique à adopter est celle de l'installation d'un portail électrique comme ce qui se fait partout ailleurs dans le quartier. De plus, il est nécessaire d'interdire tout stationnement sur le rond point. Seuls des arrêts ponctuels de véhicules seront tolérés pour livraisons, déménagements et autres. Tout cela sera géré par un syndic constitué de personnes venant de l'extérieur. Aucune caméra ne saura être admise dans ces parties communes.

Ce n'est plus la peine d'espérer trouver une solution au travers d'une équipe constituée de résidents car trop d'intérêts personnels sont en jeu et trop d'habitudes ont été prises.

Lorsque j'ai prononcé devant vous le terme « sournois », vous sembliez acquiescer. Seule une décision de justice saura apporter la solution.

Je vous invite à prendre connaissance du courrier du 27 octobre 2006 (feuilles 2a et 2b) que j'ai déjà fait à l'époque et remis à chacun des résidents.

Aucune précision ne m'a été apportée et surtout pas par le président de l'ASL qui aurait pu au moins mouiller la chemise et revoir certains points comme ceux - devenus obsolètes – de 1991.

Ce monsieur n'a fait que générer des troubles.

Jetez un œil aussi sur les documents 3a, 3b et 3c.

Voyez dans quelle ambiance nous étions déjà. Et vous souvenez-vous d'une des réflexions du fils X… lorsqu'il était devant vous ? Je cite : « Tous ces ennuis dans le lotissement n'existent que depuis que M. Rataj y habite »...

Consultez enfin les feuilles 4a et 4b. Expliquez-moi donc quelle organisation administrative est la plus crédible ?

Feuille 5 : dernier courrier du 14 mars 2011 que j'ai adressé à l'ASL et resté lettre morte.

Je pense que vous avez bien compris pourquoi il y a escalade dans cette pagaille : tant qu'ils me mettent des panneaux « propriété privée » sous les yeux, je peux encore en sourire ; qu'ils me placent des caméras, c'est non ! Pourquoi pas des barbelés pendant qu'on y est ? Cette zone va devenir un ghetto si je ne fais rien et on me surveillera dans mon propre jardin voire dans mes WC. Il y a une limite au voyeurisme, elle a été atteinte (voir article 226-1 du Code Pénal).

Bien ! Dans cette configuration, seuls les lots 6 et 10 n'ont pas construit de parking sur leur terrain alors qu'ils en ont parfaitement la possibilité. Il y a dans cette histoire deux pépères qui se raccrochent farouchement à leurs privilèges anciens : l'un à son potager (lot 6) et l'autre, à sa prestigieuse position de président d'ASL (lot 10). Au milieu de ces deux vénérables, ça grenouille.

J'ai été victime d'une garde à vue dans cette

opération pour aider à solutionner l'affaire et j'aime autant vous dire que la suite des évènements va peser lourd, très lourd. On ne peut demander à un homme de toujours rester un tigre en papier. Vous savez parfaitement que mon casier judiciaire est toujours vierge ; plus pour très longtemps si la colère me fait comporter comme un dément.

Dément et armé : c'est bien ce qu'ont imaginé trouver vos collègues de la BAC l'autre soir. Ils sont rassurés depuis et la charmante blonde aux merveilleux yeux bleus qui commandait la douzaine de disciples de Rambo a dû faire son rapport en ce sens. J'aimerais bien que l'on me donnât son téléphone privé mais ne nous égarons pas.

Ce soir-là, j'ai pu constater que la frontière entre criminel et citoyen honnête n'est qu'une mince paroi diaphane. J'ignorais que sur simple dénonciation fantaisiste, je pouvais être transformé en proie. J'en tiendrai compte dans mon attitude future. Je saurai aussi me servir de copains haut placés. Je vous laisse imaginer la colère que j'ai contenue au cours de tout cet épisode de garde à vue décidée en fonction de je ne sais toujours pas quels critères. Ma respectabilité d'homme intelligent en a pris un coup et mes instincts de prédateur risquent de prendre le dessus à l'avenir. On tâchera de les combattre.

J'aurais bien ouvert mon portail tout de suite à cette horde de la BAC mais je ne pouvais pas, j'ignorais qu'ils étaient sur place. La sonnette du portail est coupée la nuit et la maison est très éloignée du rond point. Ce n'est que lorsqu'ils ont brandi leurs projecteurs à partir d'une maison voisine que j'ai réagi. Afin qu'ils ne reviennent pas en force le lendemain matin à six heures, je leur ai ouvert. Pour qu'ils ne repartent pas sans butin, je leur ai remis les seules armes que je possède depuis longtemps : un pistolet à gaz et à grenaille (à l'époque, la vente en était légale). Ils menaçaient de tout casser dans la maison, ils me menaçaient physiquement comme si j'étais une merde innommable ; ils avaient envahi la maison alors que cinq minutes auparavant, j'étais au lit.

Manifester son indignation ? Sourire plutôt.

Se comporter en dément dans un tel cas de figure est très facile. Chaque citoyen devrait faire l'expérience de la garde à vue afin de s'en rendre compte. Moi, ce qui m'importait le plus, c'est ma vessie. À mon âge, elle devient très capricieuse et exigeante : pipi toutes les heures sinon hausse de tension. J'avais beau tambouriner sur la porte, le gars de faction gueulait toujours dans le couloir : « Ouais ! Dans dix minutes ! ». Et une demi-heure après, après maintes supplications, il daignait quand même ouvrir la porte. Beaucoup de pipis et pas d'eau à boire dans la cellule pour équilibrer mon métabolisme basal ; résultat : déshydratation ! Conséquence : médecin et hôpital !

Le lendemain, à deux reprises, vous m'avez vous-même, refusé ce verre d'eau salvateur. Autant dire que le solide mal de tronche que j'ai attrapé ne me mettait pas dans des conditions idéales pour communiquer avec le fils X… que vous avez convoqué dans l'après-midi. J'ai encaissé comme un boxeur au bord du KO sur un ring et je crois bien que le coup de grâce a été porté lorsque vous m'avez demandé le plus sérieusement du monde : « Est-ce que vous suivez un traitement psychiatrique M. Rataj ? ».

Voilà ce que je vais faire demain. Je vais voir mon médecin généraliste, lui parle de ce scénario, lui demande une attestation et une prescription pour consulter un psychanalyste qui fera son rapport.

Ensuite, je dépose plainte pour propos diffamants car vous avez entendu comme moi la dose d'insultes proférées par M. X… (je solliciterai donc votre témoignage). Il y a des niveaux d'humiliation difficilement supportables. Je ne vais pas régler cela à coups de poings dans la cour de récréation car vous allez encore me dire que nous nous comportons comme des enfants. À moins que je ne sois déclaré comme fou ce qui solde tout compte. Il est certain que si j'ai été présenté comme un malade mental armé d'un gros calibre et prêt à mitrailler tous les voisins du quartier en pleine nuit, je comprends mieux cette intervention disproportionnée des policiers et donc ma garde à vue. À ce titre, il serait très intéressant de disposer de l'enregistrement du coup de fil passé par X… au commissariat lundi soir. Vous avez remarqué comme moi que fiston X… a l'œil partout, qu'il est vendeur de lunettes de son état ce qui expliquerait pourquoi, qu'il vous parle souvent caméras, que son papa lui a dit que... et qu'il est la gazette du quartier à lui tout seul. Vous avez remarqué aussi ce tour de passe-passe qu'il vous a exposé et destiné à rendre propriétaire de quelque mètres carrés de parties communes n'importe qui au bout de dix ans, forclusion oblige. Vous avez d'ailleurs réagi à cette remarque idiote. Vous avez également fait remarquer à cet interlocuteur que n'importe qui d'entre nous est toujours susceptible d'avoir un comportement considéré comme anormal. Je vous remercie de cette intervention en ma faveur.

À ce moment-là, j'étais devenu bipolaire et vous en avez bien pris conscience. X… a un cousin psy qui a vu sur internet que je suis typiquement le bipolaire incontestable... Ce diagnostic via le web me semble tout à coup déterminant.

La réalité est un peu différente.

Même si j'avais été bipolaire, le problème des parkings n'est pas résolu pour autant. Napoléon était bipolaire, Van Gogh aussi ; il y en a des tas de gens autour de nous qui le sont actuellement et qui occupent néanmoins des fonctions de notables. En ce qui me concerne, si l'on parle de bipolaires sur mes sites, c'est parce que j'ai écrit un jour un livre intitulé « Bipolaire, moi ? ».

J'ai aidé une femme bipolaire à écrire ce livre de trois cents pages que je tiens à votre disposition si vous le souhaitez. Je suis bénévole à la Fondation Abbé Pierre depuis plusieurs années et on m'avait demandé si je suis capable de m'occuper d'un cas de suicide. J'ai accepté et fait la connaissance d'une femme qui venait de faire sa troisième tentative de suicide et qui se trouvait dans une clinique psychiatrique. Voilà plus de quatre ans que je la suis

Comme j'avais déjà écrit une cinquantaine de bouquins, je lui ai tout naturellement proposé de rédiger le sien. D'après son psychiatre, cela lui a sauvé la vie et je dois reconnaître que je n'en suis pas peu fier.

Pour plus d'infos, tapez sur Google : Mes livres, François RATAJ.

Quelques observations encore à propos de ces foutus parkings. Sur le lot 12, il y a mon épouse et moi ; nous avons deux véhicules automobiles et une moto. Sur le lot 11, il y deux familles (trois foyers fiscaux puisqu'il y en a un qui vit dans une cave), j'y ai compté cinq voitures au moins. Sur le lot 6, il y a quatre familles : huit voitures à vue de nez. Le lot 10 (Jaupart) héberge deux familles ce qui nous fait quatre véhicules au moins. Lot 7, une famille et lot 8, une famille soit deux véhicules pour les deux.

Comptez comme moi et vous obtiendrez 21 voitures à compacter sur ces parties communes.

Réaliste ?

Sachez aussi que les cessions de biens immobiliers dans le quartier se font avec l'argument massue : *« Parking assuré »*. Par exemple, les propriétaires actuels du lot 11 habitaient auparavant sur le lot 6. Ma main à couper qu'ils ont vendu leur bien en parlant du parking attenant au logement. On va en venir à faire figurer cette mention dans l'acte notarié.

Je pose la question : « Sachant qu'une aire de stationnement coûte environ vingt mille euros dans le quartier, où se trouve la mienne? ».

Je suis sincèrement navré de la surcharge de travail que vous procure ce problème de voisinage et ce d'autant que l'argent qui est dépensé est celui du contribuable, c'est-à-dire en partie le mien.

Sachez que j'ai déjà essayé toutes les techniques de communication possibles pour apporter une solution de bon sens. Rien n'y a fait et périodiquement, nous sommes exposés à une gêne, voire une agression.

Je me suis déjà retrouvé à l'hôpital pour prothèse de hanche détruite parce que trois des occupants du lot 6 m'ont malmené. Le juge a décidé d'accorder un non-lieu à la procédure engagée. Une autre fois, nous avons été réveillés en pleine nuit et mon épouse a été molestée. Quel sera le stade suivant à votre avis ?

Cordialement.

François RATAJ »

La suite, tu la connais Yves puisque nous sommes en relation depuis peu.

Je me suis lancé de façon plutôt sauvage dans ce combat mené contre une tranche de la société qui conduit nos compatriotes à la mort.

D'ailleurs, comme je te l'ai précisé souvent Yves, ce problème de justice corrompue est un problème d'organisation sociale en général.

Très grave problème à résoudre…

Et ce n'est surtout pas une volonté que je sens chez nos candidats aux présidentielles en ce moment.

François

***

Je ne la sens pas non plus chez tous ces politiciens aux manettes depuis 1990.

Mon affaire, simple au départ , comme la tienne, l'a bien prouvé.

Les Macron, Sarkozy, Hollande, Valls, Pécresse, Mélenchon, Jadot, Bachelot, Le Maire, Bertrand, Darmanin, Estrosi… Ils ont tous été avertis du viol de la loi commis par Gilles Cima, l'élu perfide UDI de Cannes.

Gilles Cima, le blond aux yeux bleus avec une tête d'ange, qui me "massacra" professionnellement sans raison valable, en violant la loi. Avec le soutien de David Lisnard.

Je ne la sens pas également du côté de l'Ordre des Avocats et des Juges. Ils ont tous été avertis du serment bafoué de Maître Lacrouts, avocat à Nice.

Si je m'étais rendu à son bureau le 4 janvier 2011, il aurait été capable de m'interner. Heureusement, ma femme m'avait dissuadé de ferailler avec le fourbe aux pensées malsaines.

Celui qui délire avec ses 600 dossiers.

En Angleterre, en Suède, en Allemagne, Lacrouts est radié. Il doit me verser des indemnités. Aux Etats-Unis, touche supplémentaire, il va en tôle.

En France, l'Ordre des Avocats de Nice me menace. Il exige de m'écraser. De plus, je n'ai trouvé aucun baveux prêt à l'attaquer. «Soyez sympa ! Monsieur Hajos. Faites comme Cirone, journaliste à Nice-Matin. Il ne faut rien divulguer. Il a une famille. Il doit les nourrir.». «Alors que moi, je peux crever et faire crever ma famille? ».

Le seul qui était partant exigeait une provision de 3000 euros.

Cette affaire est très compliquée.

Aujourd'hui, je donnerai plus ma confiance et mes espoirs d'une France meillleure où la Justice est ronde et limpide – pour le monde, je le laise au groupe *Téléphone* - à un mouvement de citoyens, hors partis politiques, ou à une personne qui fut déjà confrontée à une Justice tordue et qui n'a jamais évolué et gagné sa vie uniquement en gravissant dans le monde égocentrique des carriérites de la politique.

Encore, doivent-ils être capables de fédérer un grand nombre de Français, révoltés de plus de 40 ans de soumission, de compromissions, de magouilles et de mensonges qui ont conduit la France dans un état insurectionnel.

Deuxième partie

4

Je n'émets aucune remarque sur l'économie, le sujet essentiel en temps normal. Ni sur l'écologie.

J'estime - ceci n'engage que moi-seul - que la disparition progressive du fondement de notre propre identité conduit la France dans une mutation considérable.

Notre soumission à une religion qui nie les progrès de la science, ainsi qu'à l'introduction de la culture *woke,* accélèrent notre appauvrissement intellectuel et la privation de nos libertés.

Les totalitaires se contrebalancent de l'économie ou de l'environnement naturel. C'est secondaire.

Connaissez-vous les conditions de vie dans un pays sous la férule d'un régime communiste ou islamiste.

Le premier supprime tous les partis.

Le second déconsidère les femmes en les voilant.

Même si en Corée du Nord une minorité jouit d'énormes privilèges, le peuple, affamé et méprisé, a d'autres priorités que de palabrer sur les avantages des 35 heures ou du bienfait des légumes sans pesticides.

Cependant, pour la sauvegarde de la planète, la voiture électrique est-elle la seule solution d'avenir pour baisser les émissions de gaz à effet de serre.

En raison de l'initiative de Macron permettant à des citoyens marqués idéologiquement de définir les normes de l'écologie, nos constructeurs automobiles sont forcés de tout miser sur l'électrique.

La décision unilatérale non concertée prouve le mépris de Macron pour l'esprit de la cinquième République. Si l'Assemblée devenue un simple bureau d'enregistrement n'est plus le lieu où le débat devrait s'y tenir, à quoi servent les élus, richement dotés, censés représenter le peuple.

Macron « fachiste » ?

Le gouvernement actuel, composé de membres issus du PS, des LR, du MODEM et autres partis responsables de la chute de notre industrie, n'a pas songé aux considérables destructions d'emplois.

Ils frapperont non seulement les ouvriers, mais les techniciens et les ingénieurs qualifiés.

Malgré tout, imaginons le tout électrique être la seule voie possible. Bien qu'on puisse sérieusement en douter. L'ouragan Ida, qui frappa si durement la

Louisiane à la fin du mois d'août 2021, a montré les limites de l'utilisation des voitures 100% électriques.

Elles devinrent inutilisables.

De plus, la science n'est pas figée.

Elle évolue sans arrêt. Elle contredit, parfois, ce qu'elle affirmait être la meilleure des solutions.

Rester bloquer avec une invention, si originale soit-elle, pour s'opposer à l'ascension irrésistible d'une autre plus performante devient un frein. Les créateurs du MINITEL et des coquins 3615 pour les lieux de rencontre, entre autres, ont retardé en France l'industrialisation d'autres procédés.

De plus, nous ne sommes pas placés dans les meilleures conditions pour affronter la concurrence, déjà mondiale depuis fort longtemps.

Dans l'état actuel, si nous acceptons sans broncher le diktat écologique, nous aggravons la poursuite de notre désindustrialisation. Un constat sans appel qui ne gêne nullement le ministère des finances, des énarques incapables de se projeter dans l'avenir.

Pour eux ou nos politiciens, l'installation prochaine de multiples bornes de recharge le long de nos routes remplacera progressivement les stations d'essences appelées à disparaître. Les stations avaient permis l'essor de notre industrie automobile, du tourisme de masse et, cerise sur le gâteau, du renflouement des caisses de l'État.

Les bornes joueront le même rôle.

L'automobiliste continue à être la vache à lait.

Tout ceci implique la conception de batteries capables de transporter le véhicule pendant plusieurs centaines de kilomètres, afin de mieux concurrencer le moteur diesel. Ce dernier effectue un Paris-Marseille avec un seul plein. C'est loin d'être le cas en ce moment. Même si, je le répète, nous devons faire confiance aux progrès de la science.

Quoique !

À ce jour, les batteries sont efficaces avec l'apport de métaux rares, le nickel, le cobalt, le lithium.

Qui se soucie comment nous parviennent-ils ?

Personne !

Encore moins nos écologistes obtus de l'extrême gauche. Trop occupés à se faufiler sur leurs vélos électriques ou leurs trotinettes électriques à 50 à l'heure, sans se soucier des piétons les plus âgés.

Le nickel, par exemple, dont l'extraction n'est pas une sinécure, on le trouve dans des minerais. Il n'est donc pas à l'état pur. Par conséquent, il faut creuser, broyer, cribler, hydro cycloner pour un résultat catastrophique. Les colossales montagnes de résidus sont déversés la plupart du temps dans la mer.

Dans l'attente des abondants gisements du lithium en Afghanistan, le pays dirigé par les talibans, depuis leur retour du Qatar où ils s'étaient abrités, ce métal rare et très recherché provient des hauts plateaux des Andes. Pour l'extraire, il faut pomper sous les lacs salés asséchés. Une catastrophe écologique pour les autochtones. Ils souffrent déjà d'un manque d'eau.

Quant au cobalt déniché au Congo !

Des enfants creusent à mains nues dans des mines artisanales, dans des conditions effroyables dignes des écrits dans le *Germinal* de Zola, pour 2 dollars par jour (Les Échos du 23/09/2020).

Leur exploitation indigne n'émeut pas les racialistes et les écologistes. Les khmers verts, les apôtres pour la réduction des gaz à effet de serre, restent étrangement très silencieux, comme leurs grands amis de Black Lives Matter. Quant à Assa Traoré, l'icône de Mélenchon, elle préfère pavaner dans des Sandales Louboutin à 667 euros.

Les batteries, déjà très lourdes, se déchargent plus rapidement si le poids de la voiture est conséquent.

Aussi, Tesla, le génial précurseur de la voiture tout électrique censée sauver la planète, propose un modèle avec une carrosserie en aluminiun à la place de l'acier, beaucoup plus lourd. Bien que l'acier soit plus solide et plus résistant que l'aluminium, et qu'il tienne environ quatre fois plus de chocs que l'aluminium. Les crashs tests sont-ils effectués dans une impartialité absolue.

S'ils pratiquent comme la Justice, (voir mon livre précédent), il y a de quoi s'inquiéter.

La Tesla ! Appréciée par les chauffeurs Ubérisés.

Une nouvelle race de travailleurs indépendants.

En apparence seulement.

En fait, ils sont soumis à leur patron décisionnaire.

Il faut environ de quatre à cinq tonnes de bauxite pour obtenir deux tonnes d'alumine, qui permettent de produire une tonne d'aluminium.

Que l'extraction de l'aluminium génère des conséquences graves ne gênent nullement les adeptes du développement durable. - Normal ! Les dignes successeurs sectaires de ceux qui fomentaient, acceptaient et encourageaient la famine ou le massacre des millions de gens innocents pour le bien de leur cause salutaire, n'ont guère évolué dans leur mode rigide de pensée -. Les déchets insalubres, issus du traitement de l'alumine avec de la soude et qui sont composés de plusieurs métaux tels que l'arsenic, le fer, le mercure, la silice et le titane sont aussi déversés dans la mer.

C'est donc une pollution mondiale.

La bauxite se trouve principalement en Amérique Centrale, en Afrique et en Australie.

En attendant le renfort de l'Afghanistan.

Enfer et damnation ! Le pays, loin d'être un modèle exemplaire pour la condition féminine et la liberté d'expression ou de cultes, possède, aussi, du cuivre, du fer et des terres rares.

Seul l'islam dont la charia est un des piliers de la religion de l'amour a toute sa place sur leur terre prodigieusement prometteuse.

Même si aujourd'hui, l'extraction serait interdite à Gardanne, ville connue également pour ses mines de lignite, le résultat du traitement de la bauxite, un minerai dont on extrait l'alumine, fut le déversement pendant des dizaines d'années de boues rouges carrément au cœur du parc national des Calanques.

Reconnaissons-le !

Les décisions sont parfois très difficiles à prendre.

L'alumine est nécessaire dans d'autres domaines aussi divers que variés, tels que les écrans LCD, les composants électroniques, dans les carrelages ou les baies coulissants en aluminium.

Moi-même, l'ex-Promoteur Immobilier bousillé par un élu UDI de Cannes sans raison valable, avec le concours de la justice partiale, j'appréciais leur esthétique et leur finesse par rapport au PCV.

Ce minerai a permis le développement de notre industrie et de notre prospérité.

Des gens calés pensent qu'il a contribué à notre individualisme.

Plus pragmatique, je m'angoisse sur le choix du poisson. Celui qui avale de l'arsenic et du mercure, au goût savoureux, ou celui qui s'alimente avec de la farine. Il m'oblige à l'asperger de sauce soja afin d'atténuer son goût fade et pâteux.

Lequel est-il le plus dangereux pour la santé ?

Les deux présentent-ils la même menace ?

5

En ce 9 décembre 2021, tous les candidats sont connus. Macron, avec ses distributions généreuses depuis juin 2021, est déjà candidat. Le journal *Le Monde* le confirme dans son édition du 17 décembre 2022 : Suite à « l'opération de Macron pour 2022 », « il a installé sa candidature à la présidentielle comme une évidence. » Un monologue soporifique de stagiaire pour les quelques journalistes courageux, survolé par à peine 3 millions 700 000 de personnes.

Avant de les citer, que se passe-t-il en France depuis ces dernières années. Ce que nous lisons, voyons ou entendons, nous donnent-ils des raisons justifiées de poursuivre avec celui déjà en place, ou avec un carriériste de la politique.

En fait, les émeutes en fin octobre 2005 sont le véritable début d'une guerre civile à bas bruit. Même si les politiciens, dans leur immense majorité, tout bord confondu, refusent de le reconnaître.

Les insurrections ont embrasé nos banlieues pendant près de trois semaines. Les images tournées en boucle dans le monde entier n'étaient-elles pas un avant-goût du grand bouleversement, le signal du grand remplacement, déplacement, changement, colonisation, voire d'une conquête. À chacun sa terminologie. Le mal profond qui se répand depuis des décennies à travers tout le territoire jusqu'à nos villages surgit violemment en 2005.

Durant ces jours très tourmentés, les Français perçoivent la sociologie des quartiers *abandonnés*, au point que des experts prennent conscience de l'existence d'un cloisonnement, d'un pays fragmenté.

En janvier 2006, une vingtaine de personnes se faisant appeler le « gang des barbares » kidnappent, séquestrent, torturent et massacrent Ilan Halimi.

Parce que « Les Juifs ont de l'argent. »

Si le gouvernement avait marqué son indignation, émotion comprise, la communnauté nationale resta plutôt silencieuse.

La police pense avoir trouvé les responsables de la tuerie commise entre le 11 et le 19 mars 2012 contre un militaire à Toulouse, dans l'indifférence presque générale, des militaires de Montauban, avec plus d'étonnement, et sept personnes de l'école juive Ozar Hatorah à Toulouse, dans l'effroi.

Dans un premier temps, le gouvernement feint d'ignorer. Sans en apporter les preuves, il prétend immédiatement à un acte odieux commis par l'Extrême Droite. Halte au nazisme ! Que notre indignation soit justifiée, c'est tout à fait normal. Qui n'a pas en tête les nazis balançant une balle dans la tête d'un juif durant la seconde guerre mondiale.

Une fois le vrai coupable dénoncé, Mohamed Merah, un délinquant notoire élevé dans la haine de l'autre, la haine du juif, la haine de la France, Sarkozy, en tête du gouvernement, se borne à renouveler le numéro habituel. Une forte charge d'émotion, certes justifiée. Une indignation théâtrale.

PLUS JAMAIS ÇA !

Les médias craignent d'être traités d'islamophobes.

Ils ne s'appesantissent pas sur les dangers d'un fossé croissant qui sépare la population musulmane, silencieuse en général face aux attentats, du reste de la population française, incrédule et impuissante.

En juillet 2014, durant les manifestations pro-palestiniennes organisées par le sectaire NPA et des mouvements d'Extrême Gauche, on entendait à profusion : « Mort aux Juifs »

Le lancement d'un cocktail Molotov contre la synagogue d'Aulnay-sous-Bois le vendredi 11 juillet est le prélude des désordres. Le lendemain, une centaine de jeunes arborant pour beaucoup les couleurs du Hamas ou le drapeau palestinien, attaquent et tentent d'investir la synagogue de la rue de la Roquette, dans le 11è arrondissement de Paris.

Les CRS ont évité de justesse un carnage.

Puis, d'après les estimations de la police du syndicat Alliance, près de 3000 *déséquilibrés,* des blacks-blancs-beurs, se déchaînent à Sarcelles au cri de « Mort aux Juifs ! » Des voitures sont brûlées. Des commerces, dont l'épicerie cacher Naouri, celle qui fut la cible d'un attentat à la grenade deux ans auparavant, sont mis à sac. Des pharmacies tenues par des juifs et un bar géré par des chaldéens, pillés et saccagés.

Le gouvernement mit en sourdine ces véritables scènes de guérilla urbaine. Surtout, n'établissons aucun parallèle avec la Nuit de Cristal en Allemagne du 9 au 10 novembre 1938. Juste un « chahut ».

L'horreur est partout. Dans les rues, les églises, les synagogues, chez soi, dans les lieux de travail ou de spectacles, comme au Bataclan. Mais nos politiciens, après le trémolo émotionnel, restent dans le déni.

Ils détournent ou banalisent les causes véritables de la tragédie. Elles sont multiples.

Celui de Nice du 14 juillet 2016 à la promenade des Anglais. L'assassin, un des agents meurtriers de la guerre de civilisation, au volant d'un camion, a foncé sur la foule, faisant 86 morts et 458 blessés.

Nice-Matin, le journal local atténua l'acte criminel prémédité du meurtrier islamiste conscient de son action en titrant :

Un camion fou

Un beau bourrage de crâne pour étouffer la description exacte des faits survenus ce jour-là au nom d'une religion de la paix et de l'amour qui veut s'incruster dans une Europe aux racines chrétiennes.

Si un journaliste intègre diffuse correctement et impartialement la macabre réalité, la majorité des médias, sous le contrôle des oligarques, l'accuseront de mettre l'huile sur le feu.

Le 26 juillet 2016, dans l'église de Saint-Etienne-du-Rouvray, le père Jacques Hamel est égorgé par deux islamistes assoiffés de gloire et de sang. « Va-t-en Satan ! » furent les dernières paroles de l'homme âgé de 86 ans. Quel acte de bravoure ! Plutôt que de dénoncer les véritables causes et d'affronter le mal, Hollande ne sévit pas.

Le mou se soumet et nous endort avec le slogan
PLUS JAMAIS ÇA !
Hélas, l'histoire rattrape Macron, son ex-ministre.

En 2018, lors de l'émission *The Voice* de TF1, Mennel Ibtissem travestit le texte de la chanson de Léonard Cohen : Hallelujah. Elle chante *Alah ila lah, il n'y a pas d'autre Dieu qu'Allah*. Un tollé justifié.

On découvre que la chanteuse, acoquinée aux Frères Musulmans, tweetait au lendemain de l'assassinat du Père Hamel :
Les vrais terroristes c'est notre gouvernement.

Le 23 mars 2018, Redouane Lakdin abat deux personnes dans le Super U de Trèbes, proche de

Carcasonne, toujours au nom de la religion de la paix et de l'amour. Au nom d'une autre religion qui a le sens du sacrifice, le colonel Arnaud Beltrame se substitue volontairement au dernier otage retenu, une caissière.

Chacun agit selon sa conscience. Cependant, j'ose espérer, qu'à l'avenir, d'autres gendarmes n'imitent surtout pas le colonel Beltrame.

Aucun journaliste n'a eu l'indécence d'écrire:

Un couteau détraqué

En revanche, pour un prétendu respect à la dignité de la famille, les autorités ont tardé à communiquer sur la cause véritable de la mort du gendarme.

Il fut poignardé à la gorge.

Cette dissimulation volontaire doit être dénoncée.

Le gouvernement de Macron nous infantilise. Par lâcheté, il a réduit les droits à la liberté de la presse, afin de continuer à nier la réalité, la verité.

Macron l'excité répète machinalement :

PLUS JAMAIS ÇA !

Le résultat d'un tabou tacite débuté dès les années 80, éclabousse le trois octobre 2018.

Sur le perron de l'Élysée, le ministre de l'Intérieur Gérard Collomb, le socialiste caméléon, ex-maire de Lyon, un des premiers soutiens de Macron, prend un ton grave, la mine abattue, pour avouer son impuissance et ses craintes des lendemains qui déchantent :

« Aujourd'hui, on vit côte à côte. Je crains que demain on vive face à face. »

Le discours alarmiste achevé, il transmet son pouvoir à Castaner. Ce que Collomb n'est pas parvenu à mettre en place, Castaner le pourra-t-il ?

En 2015, dans le journal *Nice-Matin*, ce dernier, le socialiste aux convictions limitées à géométrie variable, alertait les habitants de PACA du danger Christian Estrosi. Une menace bien plus réelle pour la Région que celle de Marion Maréchal. Ben voyons ! Estrosi encore plus facho que Marion. Après sa branlée au premier tour, il se ralie au maire de Nice. Le Castaner roué, le nouvel Averel Dalton, incapable de juguler la violence qui sévit en France, s'agenouille devant Assa Traoré la racisée dont la plupart de ses frères, des délinquants notoires, ont connu la prison.

Honte aux politiciens d'inoculer le virus du silence afin d'empêcher les gens de juger par eux-mêmes.

Honte aux médias d'avoir dénigré les rares élus qui soulevaient la gravité de la situation, en les accusant de complotistes. Vous démentez sans raison valable ce qu'une majorité croissante de Français endure quotidiennement. Vous niez ce qui crève les yeux à toute personne qui veut bien les ouvrir.

Politiciens ! Vous ne respectez pas la mission primaire de votre fonction. Les élus doivent servir les citoyens et non en tirer des avantages personnels.

Journalistes ! Vous êtes tenus d'informer les lecteurs, de divulguer les faits compromettants et non de les dissimuler afin de complaire au pouvoir ou de conserver votre poste. Ne copiez pas sur les annonceurs serviles du temps de Staline, d'Hitler, de Pol Pot ou des dirigeants actuels de la Chine, de l'Iran, ou de la Corée du Nord.

Les conséquences dans l'Éducation sont multiples. Des profs d'Histoire s'autocensurent, par crainte de menaces et de représailles. Des faits réels froissent une partie de la population musulmane. Surtout celle qui vit dans une communauté repliée sur elle-même.

Elle ignore les valeurs et les traditions de la France.

Nos politiciens minimisent. Ce *mauvais comportement* serait l'œuvre d'une toute petite minorité. Dans ce cas, que la majorité de Francais de religion musulmane cesse de se calfeutrer. Elle se pénalise elle-même si elle ne clame pas son opposition aux carnages au nom d'une religion qui serait dévoyée de ses vraies valeurs. Des valeurs incarnées par le soufisme, où le bien spirituel serait plus réfléchi d'une façon individuelle que collective.

Qu'ils refusent bravement les ravages du salafisme. Une pensée malsaine qui a gangréné le cerveau de nombreux jeunes de confession musulmane, en mal d'identité, ou des Français convertis, encore plus jusqu'au-boutistes. D'après Michel Onfray, plusieurs sourates dans le Coran infirmeraient les paroles évangéliques du mieux vivre ensemble.

Les imams possèdent-ils tant de pouvoir que nos politiciens ne sont plus bons que pour rabâcher :
PLUS JAMAIS ÇA !

La décapitation de Samuel Paty fut vite oubliée.

Après l'avoir défendu, nos girouettes lui reprochent d'avoir trop discouru d'un sujet brûlant.

À l'instar de la Macroniste Nicole Belloubet – Il a exagéré-, ils se prennent pour les inquisiteurs des temps modernes, les nouveaux Torquemada.

Ils oublient vite la loi du 29 juillet 1881, sur la liberté de la Presse. Celle qui a aboli le délit d'atteinte à la morale religieuse. Une des forces de la vitalité de notre liberté de pensée est le pouvoir à un incroyant de critiquer la religion, quitte à la mépriser ou à la ridiculiser par le biais de la caricature.

L'aveu, pire que de la molesse, est une véritable forme de collaboration.

Faire preuve de pusillanilité encourage le fanatisme à étendre son emprise. À nous intimider.

Au point que l'école de Sciences Po Strasbourg refuse de donner à une promotion le nom de Samuel Paty.

L'émotion passée, les villes, plongées dans la frayeur, hésitent de donner le nom de Samuel Paty à une rue ou un établissement scolaire.

À Ollioules dans le Var, la ville qui a déjà une place au nom de Jean Jaurès, lâchement assassiné, une rue portant celui de Gabriel Péri, massacré par les nazis, et une autre au nom du Colonel Berttrame, sauvagement égorgé par un islamiste, le maire avait suggéré de renommer le collège Les Eucalyptus au nom de Samuel Paty.

Hélas, un sondage réalisé au sein du collège l'a obligé d'y renoncer. 89% des parents d'élèves rejetaient sa démarche. Ce qui montre bien le dégré de frilosité de notre pays face à la terreur religieuse, par crainte de représailles. 100% des professeurs étaient opposés à afficher fièrement les véritables valeurs de la République. Ils se sont déshonorés. En particulier la représentante du SNES. À force de se plier, acceptera-t-elle prochainement l'obligation de porter la burqa ou l'interdiction officielle et non plus tacite du porc dans les cantines scolaires.

Que devient la défense de la liberté d'expression et l'esprit de corps et de solidarité entre enseignants s'ils sont les premiers à y renoncer.

Pire, à passer sous silence plusieurs moqueries, humiliations ou agressions envers les professeurs survenues après la décapitation de Samuel Paty.

Pas de vagues ! insiste le Rectorat, peu présent et solidaire auprès du corps enseignant.

Ne serait-ce pas une des causes de la difficulté de recruter des professeurs, particulièrement dans les maths. Une discipline très pointue.

Trop tard pour enfouir l'agression ultra violente de Yacine au cri de « *Wallah, écarte-toi de ma rue. Eh le*

Coran, poussez-vous Madame », survenue le vendredi 8 octobre 2021 au lycée Jacques Prévert de Combs-la-Ville; dans le 77, à l'encontre d'une professeure noire. Les vidéos ont circulé en boucle sur Tik Tok.

Trop tard pour censurer la médiatisation dans tous les réseaux sociaux du comportement brusque d'une chance pour la France. Une vidéo montre la chute de l'enseignante. Elle suscite l'amusement des élèves présents. (France 2/JT de 13h le 1/10/2021)

Où êtes-vous Assa Traoré et SOS Racisme ?

En tout cas, la commémoration nationale prévue le 16 octobre 2021 en faveur de Samuel Paty a pris un sacré coup de semonces. De quoi ébranler davantage tous les politiciens qui dénient la réalité soit par intérêt, soit par crainte, soit par idéologie.

En effet, le manque de connaissances historiques explique en partie le mépris affiché par le jeune Yacine vis à vis de la professeure noire.

L'esclavagisme à l'encontre des Noirs a bien été commis par des Blancs. Nul ne le conteste. Mais il le fut également par les Arabes, à l'encontre des Noirs et des Blancs. Ils l'auraient précédés.

D'autres peuples dans tous les coins du globe, auraient agi pareillement. Hélas, ces faits ne sont pas signalés dans nos livres d'Histoire. Madame Taubira les a écartés. Macron et ses partisans militent plus pour la destruction de notre Histoire et de notre Culture. Ils ne s'opposent pas avec fermeté aux idées partisanes et sulfureuses de Laurence de Cock, la professeure d'histoire.

Pour elle, tout ce qui vient du Maghreb et d'Afrique est bien.

Même de voiler les femmes.

L'hommage national à rendre à Samuel Paty le vendredi 15 octobre, pourtant jugé essentiel pour la secrétaire générale de l'Association des professeurs d'histoire-géographie, est facultatif.

Quelle belle hypocrisie de la part de Macron !

Laisser l'initiative aux professeurs.

Il fragmente davantage la cohésion nationale.

Son manque de fermeté banalise la succession d'horreurs depuis 2000.

Il refuse de répandre le véritable souffle de révolte pour la défense de nos droits à l'expression.

Les consignes incompréhensibles de l'Éducation nationale la discréditent :

« L'heure n'a pas vocation à être un retour sur ce qui s'est passé il y a un an, ni une évocation sur Samuel Paty ou de sa mémoire. »

Ne soyons pas étonnés que dans l'antre même où enseignait Samuel Paty, des professeurs, le référent ou la Direction jugeaient sa démarche pédagogique susceptible de provoquer l'ire d'une partie des élèves.

Avec des amis pareils, ne titillons plus la religion du vivre ensemble.

À force de détourner le regard en face de l'horreur commise, le professeur d'histoire dans un lycée d'Alès, désireux de travailler principalement sur la nocivité des réseaux sociaux fait fausse route.

C'est mon avis. Il n'engage que moi-même.

En effet, les réseaux sociaux ont très souvent leurs parts de responsabilités.

Les répercussions sont parfois d'une immense et cruelle gravité. La sordide décapitation de Samuel Paty, Mila, la lycéenne de Villefontaine, harcelée, menacée de mort et de viol pour avoir critiqué l'Islam, en janvier 2020, ainsi que le suicide de la jeune Dinah à son domicile familial dans la nuit du 4 au 5 octobre 2021, ces deux dernières ayant avoué leur homosexualité, l'attestent.

Cependant, ils ont quelquefois la vertu de révéler ce que des puissants lâches veulent nous cacher.

Je suggère au professeur d'Alès d'approfondir le mode de réflexion chez ses élèves.:

- Les règles de l'islam sont-elles prioritaires par rapport aux lois de notre République. Les islamistes attachés à leurs mœurs et leurs coutumes ancestrales qui nous choquent, ainsi que les sourates qui appellent au meurtre des mécréants, des juifs, des chrétiens, des homosexuels ont-ils toute leur place en France. Sans oublier celles qui déclassent la femme. Cantonnée chez soi, elle est devenue le simple objet sexuel que son maître est allé chercher au bled pour la marier en France.

Malheureusement, peut-il transmettre ce bon sens si plus de 90% des élèves de religion musulmane de ses classes proviennent d'Afrique, du Moyen Orient, d'Afghanistan ou du Pakistan.

Lorsqu'en face de lui, 74% des élèves musulmans de moins de 25 ans affirment mettre l'islam avant la République (Figaro du 08/09/2020).

Lorsque le sondage de l'IFOP du 19/10/2021 nous apprend que 38% des musulmans de 18 à 30 ans ne condamnent pas totalement la décapitation de Samuel Paty.

Une telle question est-elle pertinente dans un pays où la radicalisation s'est accélérée depuis 2015.

N'est-ce pas trop tard pour revenir en arrière dans plusieurs endroits de France.

Nous avons capitulé.

Du texte remanié par la créative section théâtrale du Lycée Jacques Prévert de Combs-la-Ville, la France fredonne dans un mode rap l'adaptation de la chanson.

Les professeurs tabassés se ramassent à la pelle, les moqueries et les insultes aussi. Et la frappe virile de Yacine les allonge sans état d'âme. Seulement, si vous Madame Hidalgo, Messieurs Faure, Larcher, Montebourg, Roussel et tant d'autres, vous réfléchissiez ! La France des Voltaire, de Hugo ou des Camus ouvre les yeux. Elle ne veut plus subir l'humiliation. Elle se redresse pour exiger le respect envers la professeure noire courageuse bafouée et humiliée par un musulman sauvage qui ignore les codes de notre Culture.

La commémoration en l'honneur de Samuel Paty, le professeur passionné par son noble métier, s'est déroulée dans une France craintive sous haute surveillance, rapportent les médias. Dans le collège où enseignait Samuel Paty, elle s'est faite sur la base du volontariat. 30% des élèves ou des enseignants seulement auraient rendu un hommage tant mérité.

Voilà le résultat de quarante ans de lâcheté.

La célébration à peine achevée, un incident surgit au lycée Jean Moulin à Roubaix le 19 octobre.

Une enseignante est insultée et bousculée par un élève, juste pour lui avoir demandé son carnet de correspondances.

Le mal s'empire.

Des professeurs sont épuisés ou surmenés.

À l'instar de celle suivie par la psychologue Marie-Estelle Dupont qui montre parfois son joli minois sur Cnews. Elle nous révèle la vraie réalité.

Dans un établissement scolaire situé dans le 19è arrondissement de Paris, il ne reste plus que deux blancs dans la classe. La professeure, trente-six ans plus tard, imite Jacques, le prof d'anglais, en 1985.

Elle fait surtout de l'apprentissage de la langue française.

À Nice, au collège Maurice Jaubert dans le quartier de l'Ariane, deux élèves troquent la plume pour le couteau. On comprend mieux pourquoi certaines classes manquent de professeurs.

Tandis qu'en 6è d'un collège du 95, une jeune noire veut « casser la gueule » à un des deux seuls blancs de la classe.

Les parents ont réagi. Elle sera exclue pendant une semaine.

Hélas ! Le mal est fait. Le petit blanc quittera définitivement l'établissement en fin juin.

Il est trop tard pour regretter. Dans le quartier de la Mossson à Montpellier, une maman est émue.

Dans la classe de son fils, les Mohamed, Zohra, Mourad ou Omar ont *remplacé* les Jean, Marie, Christine ou Pierre. Ces derniers ont déserté l'école de Jules Ferry. Ils ne reviendront pas.

Que faire ?

Vive la mixité sociale.

Professeur en 2021 ?
Une aventure exaltante.
Des rencontres inédites remarquables.
Des rebondissements plus virils qu'à Koh-Lanta.
La passion de l'échange constructif dans un vivre ensemble si vanté par Macron, Pécresse, Jadot.
La preuve de l'excellence de notre enseignement ?
96 % des lycéens ont leur BAC.
Des cracks !
Alors qu'en juin 1966, seulement 31,5% sur 200 000 décrochaient le jackpot. La section de rattrapage, en septembre, permis de grimper à 50%..
Ah ! Qu'ils étaient incultes en 1966.

Si des Français masos donnent un nouveau mandat à l'agité Macron en avril 2022, Blanquer et son équipe de guignols ont promis aux enseignants d'améliorer leurs conditions de travail.

Ils prévoienr le retour d'une estrade afin d'affermir leur autorité et surtout, surtout ???

Afin de bien renforcer la célèbre pensée de notre philosophe Gaston Bachelard : *Il faut du nouveau pour que la pensée entre en jeu. Et dans son principe, la nouveauté est toujours instantannée.*

L'installation d'une cage en bambou résistante écologique.

Dans les écoles, zones d'éducation en reconquête, encore beaucoup d'argent dépensé par rapport à la France abandonnée, Macron, le Président en guerre, complète par un mini pistolet anesthésiant.

Maxi Prix Mais il fait le Minimum.

Le pétard doit juste chatouiller l'élève pendant une seconde ! Exige Dupont-Moretti. En revanche, comme Macron, il est intraitable avec les Gilets Jaunes, les *fachos* qui ne pensent pas comme eux et ceux qui refusent d'être les cobayes d'un vaccin qui est toujours au stade expérimental.

Vive le progressisme !
Les profs n'ont plus la peur au ventre.
Les profs distillent leurs cours en toute sécurité.
Dans un bien-vivre ensemble.

6

Je ne mentionne que les principaux candidats.

Valérie Pécresse, candidate des LR.

Elle quitte les LR parce ce que Wauquiez et Ciotti sont marqués à droite. Elle affirme sur Cnews en fin novembre 2019 : « L'islam est une religion française. Tous ceux qui diront le contraire se trompent. »
Jeannette Bougrab, une fille de harkis, une fervente militante de la laïcité, ex-porte parole de l'UMP avec Valérie Pécresse, l'a bien décrite dans son livre.
« Elle me présente en précisant que je ne suis par leur Arabe de service ». « Les bras m'en tombent mais je ne dis rien. Je reste sans voix. » Valérie me demande alors mon appartenance religieuse : « athée », je lui réponds. Ce à quoi elle me rétorque qu'il ne faudra jamais le dire « car selon elle, l'athéisme serait segmentant ». « Je tentais de l'excuser en ironisant : « Cette réflexion devait sans doute lui venir de ses électeurs : les Versaillais. »

Valérie Pécresse, comme Macron, veut vacciner.

Jérôme Pécresse, son mari discret, est celui qui a vendu en 2015 Alstom, notre fleuron industriel et stratégique, à General Elecric. Lisez *L'Incorrect* Magazine du 20 et 22 décembre 2021, ou l'article de Sophie Mestral dans *ZE* journal du 27 décembre 2021. Pécresse et Macron, le même combat :

La politique du démantèlement de la France.

Voilà le vrai visage de Valérie Pécresse.

La Pécrémacroniste qui *déteste* les athées. Pécron.

Comment définir le projet ambiteux des LR à travers celle qui les représente En ce samedi 11 décembre 2021 à la Maison des Mutualités devant une assemblée acquise à sa cause, Eric Ciotti, Xavier Bertrand, Michel Barnier et Philippe Juvin, elle déroule son programme.

Valérie Pécresse est très déterminée. Elle veut « stopper l'immigration », « casser les ghettos », « refaire une nation ». La bourgeoise des quartiers chics insiste sur l'importance de défendre « l'amour de notre histoire ». Dans son envolée, elle est très critique, « La France n'est pas gouvernée ». Elle regrette son « immobilisme, son déclin. » Jamais à bout de soufflle, elle assène, « Le en même temps et quoi qu'il en coùte aura sacrifié l'avenir pour le présent. »

Discours flamboyant. Bien marqué à Droite.

La copie conforme de celle d'Eric Zemmour.

N'oublions pas ! Avec Sarkozy, Bachelot, Estrosi Bertrand, le Maire, Kouchner et d'autres, elle fit le contraire. Elle n'entreprit rien pour y remédier.

Sacré Valérie Pécresse !

À son tour, elle se rend en Arménie.

Soyez certains ! Si Eric Zemmour envisage de serrer les paluches dans la France profonde, à Montcuq, Anus, Deux Verges, Bezons, La Trique… la LR macroniste organisera une expédition.

Elle marche à nouveau sur les pas de Zemmour. Mais ! Afin de mieux se différencer, son discours de clôture est prévu au village Le Fion ou Trouduc.

Le soutien affiché par Eric Ciotti pour Valérie Pécresse ferait sourire si la situation n'était pas aussi tragique. Il appelle les électeurs de Zemmour de rejoindre Pécresse et, la main sur la poitrine, il nous promet qu'il sera « le garant d'une Droite forte au cœur de cette campagne. » Lors du second tour aux municipales de Nice en 2020, il demandait de voter Estrosi. Lors du second tour aux Régionales en PACA en 2021, il racolait pour Muselier.

Estrosi et Muselier se sont ralliés à Macron.

Les électeurs se feront-ils berner une troisième fois. Ou faut-il prendre son soutien au second degré.

Les quatre candidats LR affichent leur préférence pour Macron. Eric Ciotti est attiré par Reconquête.

À Nice, Zemmour serait à 38%. Info ou Intox ?

****

Anne Hidalgo, candidate du PS

Elle serait créditée à 3%. Inutile de s'appesantir sur le parti moribond. Il a trahi ses électeurs depuis fort longtemps. Olivier Faure, le secrétaire du PS, le coule davantage. Il préfère un migrant à son chien. (Sources Atlantico du 21/12/2021).

Qu'attend la SPA pour le poursuivre.

Nul n'ignorait la marque de fabrique de Madame Hidalgo. Faire du clientélisme et de la démagogie communautarisme.

Mais son discours scabreux lors de son meeting du 11 décembre à Perpignan, une ville dirigée par un maire RN où la liberté d'expression est possible à la différence de nombreuses villes cadenacées par la gauche, suscite un émoi profond.

Elle a osé comparer la condition des Musulmans d'aujourd'hui avec celle des Juifs dans les années 30.

Quelle bassesse de sa part. Quelle ignorance historique. Elle humilie les Juifs. Elle méprise tout Musulman épris de liberté, d'histoire et de culture.

Je ne savais pas qu'en 2021, comme dans les années 40, on recence les musulmans en tant que musulmans. J'ignorais qu'on les oblige à porter un croissant de lune sur leur vêtement, qu'on les interdise de prier - même lorsqu'ils bloquent des rues -, de travailler, de rentrer dans des magasins, des restaurants, des salles de concert, des salles de l'hôtel des ventes, ou de pénétrer dans des parcs à jeux avec leurs enfants, eux-mêmes interdits d'aller à l'école.

Madame Higalgo !

Depuis 2000, entendez-vous les bruits de bottes ou le claquement du fouet sur des hommes, des femmes et des enfants de religion musulmane pour les humilier, les faire crever de faim ou les déporter dans le but de les exterminer.

Voyez-vous défiler sur les chaînes de télévison les images d'une jeune musulmane recevant une balle sur son crâne.

Votre soutien en faveur de Mireille Knoll durant la marche blanche n'était que la façade hideuse de vos manœuvres bassement politiciennes.

Ah ! Si votre adjoint, l'avocat Glukmann, vous avait murmuré l'aventure de Mireille Knoll.

Elle avait échappé à l'antisémitisme des nazis en se réfugiant avec sa mère au Portugal juste avant la rafle du Vélodrome d'Hiver du 16 juillet 1942. Une rafle planifiée par Bousquets. Le grand ami de Mitterrand. Le futur socialiste décoré de la Francisque. Celui qui permit l'introduction de la titrisation dans la Bourse, une technique financière hazardeuse à hauts risques. Malheureusement, la pauvre vieille femme, frappée de la maladie de Parkinson, ne put s'opposer à Yacine Mihoub, déjà condamné pour agressions sexuelles. Il l'avait sauvagement assassinée de onze coups de couteau aux cris de : *Allah Akbar.*

Regrettable que le rabbin Korscia persiste dans son aveuglement dans la défense de l'insoutenable. Il est aussi indigne et méprisable que les Êvêques qui défendent les prêtres pédophiles.

Madame Hidalgo !

Que votre second meeting soit le dernier.

Vous avez tant déshonoré la France et flétri le mot fraternité. Pour les maires incultes qui lui permettraient de diffuser sa bêtise, ses mensonges, sa soumission à une communauté - qui mériterait une meilleure considération -, uniquement pour des intérêts bassement électoralistes, réfléchissez bien en votre âme et conscience avant que l'histoire ne nous révèle cinquante ans plus tard que 40 ans de *poussières* explosives, rangées sous le tapis, à cause de personnes du style Anne Hidalgo, ont conduit la France dans une grande catastrophe.

Cette femme s'obstine. Elle refuse de soigner le mal qui gangrène la France, attise la haine et l'affrontement inévitable. Un danger mortel reconnu très tardivement par les socialistes laïcards Collomb, Chevènement et le regretté Laurent Bouvet.

***

EELV !

Yannick Jadot a infirmé les sondages. Pourtant, Berthe Rousseau s'y voyait déjà.

Ce n'est pas Berthe ? Rappelez à Sandrine, la vice-Présidente de l'université de Lille qui sélectionne les invités, que le prénom de Belmondo, le célèbre acteur Français non déconstruit, est Jean-Paul.

EELV !

C'est Grégory Doucet, le maire de Lyon. Il met en avant la laïcité pour expliquer son refus de se rendre au traditionnel Vœu des Échevins. Mais le soumis accourt pour poser la première pierre de la mosquée à Gerland, le 9 septembre 2020.

C'est Piol, le maire de Grenoble aux petits soins pour les Français de religion musulmane en piétinant la laïcité.

C'est Anne Vignot, la maire de Besançon Elle éradique nos traditions. « Fantastique décembre ».

C'est Hurmic, le maire de Bordeaux. Il dresse un sapin de Noël en verre et en plastique, pour un coût colossal.

C'est Alice Coffin, la jalouse de Miss France. Pour elle, l'agression d'une journaliste frappée à coups de casque par des antifas est normale. La dégradation d'un restaurant à Marseille où Zemmour est allé est justifiée. La dangereuse barbare extrémiste de gauche ajoute : « Ça fait partie des stratégies militantes. »

C'est Léonore Maucond'huy, la maire de Poitiers. Elle décrète que « l'aérien ne doit plus faire partie des rêves d'enfants. » Aux oubliettes la belle pensée de Saint-Exupéry : « Fais de ta vie un rêve et d'un rêve une réalité. »

EELV ! Un parti extrémiste de gauche, adorateur de Robespierre, pro-migrants, wokiste, racialiste.

Ils font tout sauf de l'écologie. Ce ne sont que des profiteurs à l'image de Francois de Rugy.

Le 19 janvier 2017 lors des primaires de la gauche, l'ancien député EELV critiquait Macron, voire Montebourg, d'être un fervent partisan du nucléaire, du diésel et de l'extraction des sables de Lannoy. Lors d'un discours en octobre 2021, le Macroniste bouffeur de homard affirme le contraire.

***

Marine Le Pen, la candidate de la petite entreprise familiale RN a montré ses limites lors de son débat en mai 2017. En plus de ses ignorances historiques et économiques, ses incohérences sur l'islam, dernièrement, sont étonnantes.

Également, les municipales en 2020, puis les Régionales en 2021 ont souligné le déclin de son parti incapable de s'élargir. Malgré la gestion catastrophique de Macron sur la Covid. Elle a mis en évidence les graves problèmes de nos hôpitaux dont il les a aggravés en poursuivant la réduction du nombre de lits alors que la population ne cesse de croître. Malgré un profond mépris des Gilets Jaunes et, surtout, une montée de la violence et de l'intolérance que Macron est incapable d'endiguer.

Des électeurs de Marine, blasés, ont rejoint le nombre croissant d'abstentionnistes.

Cependant, c'est l'adversaire rêvée de Macron.

***

Jean-Luc Mélenchon, le candidat LFI.

« La République, c'est moi. »

Tout est dit sur l'homme et sur les paroles infectes d'Alexis Corbières de LFI : « Samuel Paty a cherché ce qui lui est arrivé. » En ne condamnant pas le député prof d'Histoire, il n'est plus crédible sur les moyens nécessaires pour redresser l'Education nationale. Il a abandonné la classe ouvrière, la France des périphéries, le *petit* peuple. Comme les Hidalgo, Jadot ou Roussel. Il s'est rangé du côté de ceux qui manifestent pour la Palestine en criant « Mort aux Juifs ». Pourtant, il affirme n'être pas antisémite. Juste antisionniste.

Revenons au couple Raquel Garido et Alexis Corbière. La première, l'avocate, oublie de payer ses cotisations sociales, le second, d'après *Capital,* serait un profiteur.

Les deux n'ont pas digéré comment Stanislas Rigault, le soutien d'Eric Zemmour, a mouché, dans un style caustique, Corbière, le professeur d'histoire communiste lors de l'émission sur C8 animé par Cyril Hanouna. Pour toute réponse, les lettrés ont brillé dans l'élégance gestuelle et l'usage de la langue française. : « Connard ! », « Lâche ! »...

Avec le regard aussi méchant et meurtrier qu'une gardienne féroce dans un goulag, la grosse Garido, prix de l'éloquence au concours des avocats, compléta par : « Va sucer la bite à ton chef ! »

Voter LFI ! C'est opter pour l'enfermement, la réouverture des magasins réservés aux privilégiés pendant que le peuple crève de faim et de froid, le retour d'une Presse corrompue et soumise à la pensée unique, et les déplacements de populations.

***

Nicolas Dupont-Aignan, candidat de DLF.

En 2017, ses idées et ses propositions de bon sens n'ont pas convaincu les Français. 4,70% ! Insuffisant pour se faire rembourser sa camapagne.

Reconnaisons-lui une bonne excuse.

Le hold-up médiatique, inédit depuis l'avènement de la cinquième République, ne l'a guère avantagé.

Cependant, malgré un score désatreux aux Régionales en 2021, et des sondages peu flatteurs pour 2022, il persiste. Souvent, les médias ne le ménagent pas. Ils continuent à le brocarder. Bien que ses suggestions soient toujours de bon sens.

Aussi bien pour l'Économie que pour la Justice.

S'il ne nie pas la nécessité de vacciner les gens très âgés ou ceux frappés de comorbidités, il le conteste pour les enfants. « Leur meilleure protection, c'est l'immunité naturelle. »

Une affirmation confortée par le professeur Michaël Peyromorre : « C'est une hérésie. »

Sa position ferme vis-à-vis du Covid, du passe sanitaire - une véritable dictature du contôle de la pensée et du mouvement des citoyens, une véritable fabrique de la peur -, est même renforcée avec les dernières parutions de l'organisme du ministère de la

Santé, la Drees, la Directive de la Recherche, des Études, de l'Évaluation et des Statistiques. 63% des décès dans les hôpitaux proviennent des personnes qui sont vaccinées.

À la différence de nombreux maires incapables de gérer leurs villes - Nice, la plus endettée de France parmi les grandes villes après Paris -, NDA a bien redressé la ville de Yerres, en faillite, et contribua pendant 22 ans à son excellente image.

L'intervention de l'épidémiologiste de l'INSERM Laurent Toubiana sur le plateau télé de CNews, le 23 décembre 2021 a semé le trouble. « Nous sommes face à un gigantesque mensonge. Probablement, l'un des plus grands mensonges de tous les temps. » « C'est une torpeur qui coûte très chère à la population française. » « Les chiffres vérifiables sur les réseaux officiels Sentinelle er SOS Médecins, rapportent respectivement 40 malades en une semaine pour 100 000 habitants et 33 malades en une semaine pour 100 000 habitants.

En tout cas, son avis crédibilise les arguments de NDA, et de ceux de Florian Philippot, le candidat des Patriotes. Seulement, les Dupont-Aignan, Jean Lassalle, 1,21% en 2017, François Asselineau, 0,92% en 2017, ou Philippot ne percent pas. Les quatre se prendront une gamelle en 2022.

***

Tous ces politiciens, y compris les autres candidats qui pèsent encore moins, ne fédèrent plus.

Les grands candidats se contentent de leur noyau d'électeurs pour faire vivre leurs boutiques, malgré 40 ans de saccages.

Résultat ! 70% des Français ont déserté les urnes aux Municipales en 2020, puis aux Régionales en 2021.

Le vote en faveur des extrêmes a peu fonctionné.

***

Le salut peut-il venir d'un mouvement de citoyens, hors partis politiques ?

Deux mouvements de citoyens ont l'intention d'envoyer un candidat, chacun de leurs côtés.

Un mouvement formé autour d'AEC, Alliance Éco-Citoyenne, piloté par Jean-Marc Governatori, l'intermittant écologiste végétarien.

Au second tour, Governatori appelle chaque fois à voter pour des gens qui ont conduit le pays dans l'état actuel où nous nous trouvons afin que la *fachiste* Marion Maréchal (moins facho qu'Estrosi d'après Castaner en 2015) ne s'empare pas de la région PACA en 2015, puis contre le LR Mariani devenu un vilain *fachiste* RN en 2021.

Il ne doit pas parvenir à la plus haute marche.

Jean-Marc Governatori aurait-il rejoint le *fachiste* de Gaulle en 1940 ?

C'est dire qu'on met ce mot fasciste à toutes les sauces sans plus finir par comprendre ce qu'est le véritable fascisme.

Un autre mouvement Alliance du Peuple créé par Bernard Claudel, un chic type, aurait l'intention de soutenir également une personne.

Le 11 janvier 2022, personne n'est désignée.

Patrice Benoit, un autre type sympa de Nice, m'assure qu'un candidat AEC sera choisi.

Quand ? *Sœur Anne ! Ne vois-tu rien venir ?*

Deux maires, Thierry Renaux et Fabrice Marchant avec qui j'ai discuté à Nice sur l'Article R111-21, ont créé Le Collectif des Maires Résistants/CLMR.

Ce dernier, sur France Soir le 31/12/212 est très remonté contre Macron. « J'accuse ce gouvernement de haute trahison envers le peuple français. »

Puisque je décerne des honneurs aux chics types de Nice, je rajouterai Thibault Delhez.

Je le connais bien.

C'est un Agent Immobilier bon vivant, généreux et sensible comme mes copains dans les années 68.

Les professions en vogue à Nice, l'Immobilier, les notaires, les avocats – très méprisés par une grande majorité de Niçois, de France et de Navarre -, les toubibs, les Politiciens, la Police municipale…

Thibault, encensé par Nice-Matin, France Info, France 2, a permis à une dame de Saint-Nazaire d'offrir un Noël festif à ses trois enfants et, indirectement, à d'autres mères en détresse.

Thibault a le côté humaniste de ma mère. Il a reçu une bonne éducation de la part de sa chère maman à qui il lui a rendu un émouvant hommage.

Comme moi ! Lire : « *Existences bouleversées* »

Et comme moi, il ne se serait pas rabaissé en imitant Cohn-Bendit. Il hurlait après le professeur Raoult sur la chaîne *LCI* le 30/03/2020 :

QU'IL FERME SA GUEULE !

Ma mère a toujours détesté la vulgarité.

Elle l'a trop subie avec les kapos et les nazis.

On comprend mieux pourquoi le EELV qui écrivait en page 198 de son livre : Le Grand Bazar : « *Il m'est arrivé plusieurs fois que certains gosses ouvrent ma braguette et commencent à me chatouiller* » soutient ardemment le machiavélique et versatile Macron.

Ce que le Président cogitait en page 64 du livre afin de camoufler ses échecs dans l'Éducation, la Sécurité, la Santé et la gestion calamiteuse du Covid, il continue à fermer des lits dans les hôpitaux, il nous la révèle ce 3 janvier 2022.

Il désigne des boucs émissaires.

JE VEUX EMMERDER LES NON-VACCINÉS !

Macron ! Un homme vulgaire également.

Juifs ! Homosexuels ! Mécréants ! Hommes libres !

Çà ne vous rappelle pas une époque ?

7

Si la solution à tous nos épineux problèmes depuis quarante ans s'appelait Eric Zemmour, le « miroir de nos lâchetés », d'après le philosophe Luc Ferry.

Eric Zemmour, je ne le connaissais que par ses livres. Je ne l'ai jamais écouté sur RTL ni vu à la télé quand il débattait avec son compère de gauche Eric Naulleau. Je ne suis pas très télé. Plus du tout depuis le hold-up médiatique en 2017.

Les deux, je les avais croisés au Salon du Livre de Nice, sans même discuter avec eux.

Quand un ami me suggéra de regarder *Face à l'Info*, une nouvelle émission animée par Christine Kelly.

De 80 000 téléspectateurs le nombre culmine jusqu'à 900 000 curieux d'entendre d'autres voix.

De quoi inquiéter Macron, le Président qui aime se faire *caresser* par un jeune Noir devant la France entière, consternée. Le matraqueur des Gilets Jaunes.

Il attend sereinement Marine Le Pen, la loser déjà programmée. Bien entendu, avec le concours précieux d'un nombre record d'abstentionnistes.

À quoi ça sert de voter ?

Lors du référendum du 29 mai 2005, la majorité des Français avait refusé le traité établissant une constitution pour l'Europe. Deux ans plus tard, Sarkozy, Le Maire, Darmanin, Pécresse – Oh la vilaine -, Bertrand, Jacob, Estrosi… sont passés outre. Avec l'accord tacite des Hollande, Jadot, Macron… et de Michel Barnier, l'effacé commissaire Européen, le plus grand destructeur de la Nation.

Le 9 septembre 2021, j'apprends la décision inique et scandaleuse du Conseil supérieur de l'audiovisuel, le CSA, un organisme loin d'être indépendant.

Le CSA, créé en janvier 1989 durant le gouvernement de Michel Rocard, décide d'une manière arbitraire, en violation totale avec l'esprit et les principes de la carte de presse qui garantit les droits d'opinion et d'expression, de décompter le temps de parole d'Eric Zemmour.

Annoncer une telle décision, alors qu'à ce jour, il n'est pas candidat est un grave déni de démocatie.

« Le CSA crée du droit là où ça n'existe pas. »

Une remarque pertinente lourde de conséquences de Françoise Laborde, ex-présentatrice de France 2 et ancienne conseillère du CSA. Le CSA avait déjà subi, un an auparavant, la pression constante des écologistes extrémistes afin de réduire au silence Eric

Zemmour. Celui qui assume pleinement sa liberté d'expression et d'opinion depuis plus de 25 ans.

Avec la même fougue et la même opiniâtreté que les Thiers, Jaurès, Clémenceau, Lamartine et d'autres, tous des journalistes politiques.

Ils sont la gloire de la France. Encore enviés et admirés dans les pays en manque de diversité.

9 septembre 2021, la sentence tombe. Le CSA fait fi de la carte de presse.

Peu de réactions outrées s'élevèrent de la part des politiciens, y compris de ceux opposés à Macron.

Ils ont une vision à court terme, contraire aux intérêts de liberté de pensée et d'expression.

Macron et sa bande d'arrivistes ont bien compris.

Ils s'inspirent des sociétés commerciales. Il faut être présent continuellement sur tous les médias.

Le bourrage de crâne permanent passe en boucle.

Laisser des miettes à l'opposant potentiellement dangereux. Le dénigrer, le calomnier faussement.

Lui supprimer son droit de réponse.

En revanche, un temps d'antenne plus large à celui qu'on abat facilement au second tour.

Un procédé gagnant au-délà de leurs espérances en mai 2017, lors du débat Le Pen/Macron.

J'ai constaté cet odieux stratagème lors des Municipales à Nice en 2020. Puis aux Régionales en PACA en 2021.

La réaction du peuple Français ? Inexistente.

Avons-nous déjà oublié comment l'infâme Hitler manœuvra, dès sa prise de fonction du pouvoir.

Il musela la liberté d'expression de la Presse, dans l'indifférence générale de gens très enthousiastes, avant qu'il n'impose et n'intimide par la force et la terreur le peuple allemand.

Son régime d'exclusion frappa très tôt les juifs, les homosexuels et les handicapés.

Avons-nous déjà oublié comment Lénine puis Staline, toujours sous la pression de la terreur et de la menace, réduisit les libertés d'expression de la Presse ? Son système pervers se renouvela dans les pays sous la coupe de la Russie communiste.

La décision du CSA est d'autant plus grossière qu'aujourd'hui il existe pléthore de chaînes publiques - Toutes à la gloire de Macron - et privées, également au service de Macron. *BFM* en tête.

Elles lui ont permis de prendre le pouvoir.

Une heure de présence par jour seulement sur une chaîne privée fait-elle si peur à Macron ?

Personne ne force à consommer du Zemmour.

La chaîne privée laisse également un large temps d'écoute à Schiappa - Lamentable lors de son soutien le 13/06/2021 au parc Floral pour les Régionales à Laurent Saint-Martin -, ou à la députée LREM Coralie Dubost. L'afficheuse coquette, au lieu d'être présente à l'Assemblée pour argumenter sur les dangers ou les bienfaits du passe sanitaire, bâfrait dans un restaurant chic avec son nouveau compagnon. En sortant, elle fut agressée et se fit délester de 2000 euros. Se trimballer avec tant d'espèces, pourquoi ? Le distribuer aux SDF ou … comme rapportent certaines langues ?

Coralie Dubost, l'ancienne petite copine de Véran – Je fais du Voici ou Paris-Match – estime que la présence d'une candidate voilée sur une affiche électorale n'est pas problématique.

Elle le reprécise en 2021, dans *L'Express* : « une femme peut porter le voile et être engagée sur des idées progressistes. »

Tiens donc ! Une grande similitude avec Pécresse.

Encore CNews ! Elle laisse François Burgat, le collabo chercheur, proclamer : « Samuel Paty avait confondu *liberté d'expression* avec *liberté d'avilir* ».

Burgat la honte ! Celui qui était fier d'être le bon communiste exemplaire dans les années 50 quand les Russes rouges opprimaient leur peuple et les pays voisins sous le joug du tiran Staline. *Budapest !1956.*

Cette fois-ci, Zemmour accuse carrément Macron d'être l'instigateur de la sombre machination puisque les demandes proviennent des ministres de Castex et des deputés *En Marche.*

En théorie, Zemmour peut s'opposer à cette macabre machination en allant au Conseil d'État.

Françoise Laborde, peu avare de remarques alarmistes, avoue avec une pointe de fatalité :

« Le Conseil d'État, c'est la même famille que le CSA. »

Eric Zemmour, toujours pas candidat, hystérise le débat d'après Gérard Larcher. Le président du Sénat le classe à l'extrême droite. Ben Voyons ! Car il dénonce d'une manière trop violente, voire *haineuse*, le manque de courage qu'il reconnaît lui-même de la part de ses amis LR. L'aveu d'un échec.

Larcher le bedonnant envie-t-il *l'Extrême Justesse* du constat impartial de Zemmour. Lui, incapable avec les Pécresse, Darmanin, Bachelot, Estrosi, Le Maire, Solère… pendant des décennies, d'appliquer la laïcité *exigeante* qu'ils revendiquent subitement depuis décembre 2021.

Xavier Bertrand, qui se voit déjà Président traite Zemmour de « diviseur » aux « propos monstrueux »

Il y en a tant d'autres. Ils ne sont plus crédibles.

Le 30 novembre 2021, Eric Zemmour franchit le Rubicon. Il annonce sa candidature à la présidentielle sur youtube. Immédiatement relayée par toutes les chaînes infos et les magazines.

Une candidature attendue avec impatience par des millions de Français et dénigrée par la majorité des politiciens, tant Eric Zemmour leurs révèle leur véritable nature. Ils ont failli. Ils ont trahi. Ils ont rompu le contrat social, moral et de confiance.

Un gouvernement doit exercer son pouvoir au nom du peuple, par le peuple, pour le peuple.

Le LREM Jean-Marc Borello, condamné par la justice, le traite de virus. Olivier Faure, le Président du parti PS, fautes de projets constructifs crédibles à part le mot social, fautes d'arguments cohérents face à Zemmour, éructe : « facho ». Fabien Roussel, le communiste, vu le manque d'écho à sa proposition sur le pouvoir d'achat, fonce à bride abattue contre Zemmour. Il souhaite le rendre inéligible.

Roussel ! Lisez avec votre pote Serge Klarsfeld le journal *L'Humanité* du 4 juillet 1940.

Le torchon souhaite la bienvenue aux nazis au nom de l'amitié entre les peuples.

« *Travailleurs Français et soldats allemands. Il est particulièrement réconfortant, en ces temps de malheur, de voir de nombreux travailleurs parisiens s'entretenir amicalement avec les soldats allemands, soit sur la rue, soit au bistro du coin… »*

Roussel qui en profite pour dégommer le patriotisme économique de Georges Marchais.

Pauvre Roussel ! On lui reproche une Droitisation uniquement pour avoir dit le 9 janvier 2022 qu'il aimait un bon fromage, un bon vin et une bonne viande. D'ici qu'il avoue apprécier Balzac, Voltaire et - Yves Hajos, comme Ian Brossat, mis au courant à Nice du sinistre chef de la police secrète communiste de Hongrie - il sera traité de « facho ».

Læticia Halliday, aussi, y va de son couplet.

Elle dénonce Eric Zemmour de détournement d'image.

Tous les médias ont relayé en boucle.

Chère Læticia, vous étiez trop jeune ou pas encore née pour comprendre ce que Johnny représentait pour les Français dans les années 50 à 80.

Johnny n'aurait jamais pu s'épanouir dans un pays nazi ou communiste. Les artistes s'enfuyaient.

Également sur les terres arides ou fertiles où l'islam règne sans partage. La chanson est nuisible aux principes du Coran.

Johnny a incarné la jeunesse de l'époque dont la mienne. Même de celle qui le méprisait plus par snobisme, comme la bande du Relais de Chaillot, reconnaissable à leur veste *RENOMA*, ou par des progressistes écologistes, certains pédophiles ou violeurs et fiers de l'afficher ou de l'écrire avant le retour du boomerang. N'est-ce pas les Matzneff !!

Oui ! Johnny fait parti de notre culture.

À l'instar de Brassens, Sylvie Vartan, Yves Simon (*Diabolo menthe*), Nana Mouscouri, Christophe (*Les mots bleus*), Daniel Guichard (*La tendresse*), ou Françoise Hardy : *Tous les garçons et les filles de mon âge se promènent dans la rue deux par deux... oui mais moi, je vais seule par les rues, l'âme en peine...*

Dois-je me faire du souci ? Thomas Dutronc me poursuivra-t-il pour détournement d'extraits de la chanson composée par sa maman ?

Notez que les fervents adorateurs de Johnny proviennent souvent de la France périphérique, profonde, d'en bas, la France des « petits Blancs », les « Gaulois réfractaires », les Gilets Jaunes, plutôt que dans les endroits réputés pour le vivre ensemble. Ils constituent, en plus, un socle potentiel important d'intention de votes pour Zemmour.

Quelle petitesse de la part de Læticia.

Tuyautée par les sbires de Macron ou de Pécron.

Zemmour est vraiment l'écrivain qui dérange.

Comme moi à Nice.

BFMTV Nice a refusé de m'interviewer le 10 janvier 2022. Plutôt que d'écouter ma réponse amicale et humoristique à Macron, la journaliste filmait celui à la mine sévère. Le seul à jacter des propos belliqueux que nous avions réprouvés.

Bel exemple de désinformation.

Son discours à Villepinte, le 4 décembre 2021, auprès de 15 000 personnes fut reconnu par de nombreux journalistes comme exceptionnel.

Ce soir-là, on avait l'impression que LCI, BFM… avaient découvert le Sauveur de la France.

Trop beau pour qu'ils ne trouvent pas un prétexte futile pour essayer de le démolir.

En effet, le meeting fut émaillé par deux incidents.

Tout le monde avait vu en direct l'agression sur Zemmour de la part d'un adhérent LR, soutien de Pécron, connu pour 12 délits de droit commun.

Quant au second, il ne fut relayé que quelques jours plus tard. C'est dire que SOS Racisme ne s'était invité que pour provoquer et se victimiser.

SOS Racisme ne cheche pas à défendre le Jeune Noir Zemmourien, pas plus que Christine Kelly, la policière Linda Kebab, traitée « d'Arabe de service » par Taha Bouhafs, ou la professeure noire en page 118 de mon livre. Et de tant d'autres. Non ! Ils viennent dans un meeting où on se fiche de la couleur de la peau et de la religion à condition de respecter une certaine idée de la France, juste pour nous forcer à adhérer à leur conception délétère et dangereuse, loin d'être fraternelle et égalitaire.

Je terminerai par son discours de Chateaudun.

À Nice, il a impressonné des abstentionnistes et irrité les professionnels de la politique.

Quand le jour même, Pécresse se ridiculisait avec son kärcher. Après Kouchner, Pécron envisage-t-elle une collaboration prochaine avec Danielle Obono et Gims, son fidèle soutien lors des Régionales en 2015 ?

Le 1 janvier 2022, Gims, un converti, ne veut plus qu'on lui souhaite la bonne année. Il incite les musulmans à se détourner des codes de la France.

Fêter le nouvel an, les anniverssaires, ce sont des traditions qui ne sont pas conformes à l'islam.

Il serait judicieux d'écrire sur les K7 de Gims :
Attention, ses idées peuvent détruire vos neurones.

Revenons sur le discours de Zemmour.

Son avis et ses propositions sur la ruralité sont à retenir.

J'ajoute juste une remarque pour les agriculteurs sur les avantages multiples du lin et du chanvre.

À condition de se souvenir des avantages et des inconvénients de la culture du mûrier par exemple.

La culture des mûriers permit l'élevage du ver à soie, l'origine du tissu en soie, si prisé par la noblesse et la bourgeoisie.

En raison de l'extraction du charbon, les évolutions dans le secteur du textile à partir du 19è siècle, date d'une véritable révolution industrielle, furent prodigieuses.

Ce fut le début de débats entre Saint-Simon : une source de progrès considérables, et Michelet : une nouvelle exploitation, car une grande partie de « la population est asservie aux machines ».

Néanmoins, ces fils providentiels ont permis aux paysans, également des *éducateurs*, d'avoir un nouveau débouché malgré leur travail d'origine déjà très pénible et alléatoire. À cette époque, la production chutait quelquefois grandement en raison d'une maladie non résolue, la pébrine.

Plus de cinq ans de recherches assidues furent nécessaires à Pasteur afin de vaincre le fléau en 1870.

De plus, les filateurs importaient déjà afin de réduire les aléas d'une production incertaine.

L'aide des enfants, déjà utilisés dans d'autres tâches agricoles, étaient nécessairess aux sériculteurs.

Un travail très pénible.

Ainsi, dès l'âge de 10 ans, ils quittaient l'école.

Ce qui aggravait la différence sociale entre les bourgeois qui se sentaient tellement supérieurs aux paysans.

Eux ! Ils trouvaient cet état de fait très naturel.

N'y aurait-il pas un parallèle, aujourd'hui, entre la France périphérique et celle des beaux quartiers ?

Un parallèle entre les fondateurs des grandes surfaces, bien soutenus par les banques, ainsi que par de nombreux élus locaux, et les commerçants actuels. Des aides et des avantages énormes leurs furent octroyés afin de continuer leur extension.

Sans se soucier d'un juste équilibre.

Les filateurs, conscients de suivre ou de devancer le progrès s'ils ne veulent sombrer en raison d'une concurrence féroce, s'adaptaient.

Par conséquent, la chaudière à vapeur remplaça les tours manuels des tourneuses au profit d'un grand nombre de tours « permettant aux fileuses d'obtenir de meilleurs rendements. »

Des métiers souvent pénibles et usants disparaissaient. Ils étaient condamnés à s'éclipser.

Restons dans le domaine du textile et dans le prolongement du travail des filateurs.

L'invention de Jacquard, ce fameux carton perforé installé sur le métier a permis de soulager le labeur des *tireurs de lacs*.

Également un métier harassant et dangereux où les accidents étaient fréquents.

Certes, une fois de plus, cette invention a supprimé un grand nombre d'emplois. Mais, de nouveau, des emplois tenus par de très jeunes enfants privés d'éducation. Un travail ingrat qui augmentait la différence de classe entre les gosses des canuts et ceux des bourgeois ou de l'aristocratie.

Une différence accrue avec les ouvriers.

Ces derniers avaient créé une confédération syndicale, contrairement aux syndicats de journaliers ou de métayers, hélàs, peu présents à cette époque pour s'opposer à la férocité des employeurs et à la répression des gouvernants.

Si nous voulons conserver notre souverainenté, il est normal de protéger une partie essentielle de notre industrie. Pour autant, ceci ne doit pas se réaliser dans la défense des procédés obsolètes, des emplois peu qualifiés qui se réduisent à une vitesse éclair.

Ils sont fatalement condamnés à disparaître en raison des dernières découvertes ou des avancées technologiques.

La science évolue, elle n'est pas figée.

L'avancée technologique jusque dans les transports maritimes a accéléré les conséquences néfastes de la réduction des coûts salariaux. Un produit fabriqué dans des pays ayant des lois sociales très laxistes par rapport aux nôtres est proposé à un prix compétitif. L'acheteur lambda qui pense plutôt à court terme n'y voit que des avantages. Ensuite, il ne cherche pas à comprendre que l'industriel augmente grassement ses profits à son seul bénéfice.

Oui ! Les marges bénéficiaires sont nécessaires.

À condition que l'investissement se fasse aussi en France.

Sinon, la délocalisation programmée se fera au détriment de la classe ouvrière et laborieuse, la grande frange de notre population, la moins formée et la moins éduquée. Pour toucher d'autres, plus diplômés, avec l'avènement du télétravail.

Le premier choc pétrolier en 1973 a accéléré le processus du début de notre désindustrialisation par le biais de la délocalisation.

Giscard d'Estaing, Chirac et d'autres ministres, déjà présents dans les gouvernements précédents, n'ignoraient pas les mutations technologiques.

***

Malgré les craintes justifiées, ces politiciens chargés de poursuivre le travail de destruction de la Nation depuis plus de quarante ans ont décidé de s'attaquer à une autre idée chère de la France.

La supression de notre liberté d'expression en nous imposant d'une manière autoritaire et sans concertation le passe sanitaire, contraire à nos libertés fonfamentales.

Quelle étrange et sordide similitude avec nos révolutionnaires extrémistes, les partisans de la table rase. Eux ! Ils commencèrent avec de bons sentiments pour finir par forcer et abaisser les peuples en les déportant et en les humiliant.

À ce jour, aucun débat ne fut organisé autour de médecins en faveur de la vaccination et ceux qui, loin d'être des anti-vax, indiquent d'autres solutions. Je pense, en particulier, au professeur Claverie et au médecin épidémiologiste Alice Desbiolles. Cette dernière estime que la vaccination est nécessaire surtout aux personnes à risques. Elle pense qu'on bascule dans le champ de la morale et non de l'éthique. Elle nous suggère d'autres causes de cette pandémie, comme l'élevage industriel. Elle souhaite que chaque médecin qui passe à l'antenne précise s'il est exempt ou non d'un conflit de liens d'intérêts.

Hélas ! Les seconds sont interdits sur les antennes.

Macron préfère les débats sur la PMA ou la GPA.

Il ménage ses électeurs, y compris envers la gauche woke. Celle qui provoque tant de dégâts.Michel Onfray, très sévère envers cette Gauche idéologique, l'a bien définie :

« Aujourd'hui, ce qu'elle nous propose, c'est d'acheter des utérus et des enfants. » (*Europe 1* le 3/1/2022)

Macron est silencieux au sujet de l'élève avocate qui refuse d'enlever son voile lors du serment de l'école du barreau devant 1600 futurs avocats le 9 janvier 2022 à Paris.

Conclusion

En avril 2022, à vous de choisir.

Entre un territoire communautariste, fragmenté, segmenté, ou un pays resté fidèle à sa souveraineté et à son identité.

Entre un territoire, où chaque personne se regroupe au sein de sa religion et de son pays d'origine, applique et suit les lois et les codes de ses mœurs et de ses coutumes, ou bien un pays fier de sa Culture, de ses traditions, de sa souveraineté et attaché à son universalisme et au progrès pour tous, grâce à la méritocratie.

Entre le journaliste qui honnit les libres d'esprit en les traitant de *facho* comme Apathie, ou celui qui fait honneur à sa profession.

Entre des régions au pouvoir inégal, où la loi du plus fort ou du plus intolérant règne. Entre des régions qui s'abaissent et se soumettent à Bruxelles afin de recevoir l'aide financière d'une Europe de technocrates non élus, eux-mêmes soumis à un ordre mondialiste oligarchique, le véritable détenteur du pouvoir actuellement, ou des régions, avec une forme de réelle autonomie pour des tâches qu'elles accompliront plus efficacement qu'un pouvoir trop Jacobin ou centralisateur, qui tiennent compte de tous les habitants.

Tous les politiciens ont pratiqué pendant plus de quarante ans une politique similaire à celle du pouvoir en place. Dans ce cas, que signifie le sens du vote si le citoyen lambda est déconsidéré et méprisé.

Le « Sans-dent », selon la formule du médiocre François Hollande, n'a plus aucune importance.

La France ! Un modèle de laïcité envié par de nombreux peuples opprimés est attaqué par des politiciens progressistes. Ils cherchent à l'abattre avec le concours d'intellectuels destructeurs.

Ils décrètent ce qui est bon et moral, ils nomment les autres de haineux s'ils pensent différemment.

Tel un Bernard Henri Lévy. Il s'est déshonoré. Sa plume crochue réduit les Juifs en une communauté uniquement. Bientôt il les forcera à regagner leur ghetto d'origine. Afin de mieux contrôler leurs votes.

Voilà le piètre résultat des politiciens progressistes mondialistes qui épaulent la pensée sulfureuse d'Emmanuel Macron. Ce dernier, en affirmant que la France n'a pas de culture, coupe ainsi nos racines de plus de 2000 ans, au moins, d'une présence judéo chrétienne et gréco romaine.

Ainsi, Emmanuel Macron nous imposera une immigration non consentie. Il fera disparaître l'esprit et la liberté de ton à la Française.

Adieu ! Les Corneille, Racine, Molière, Boileau. Les Rousseau, Voltaire et Diderot. Les Balzac, Zola et Hugo. Les Camus, Aron… Surtout, empêchons la liberté d'expression de renaître.

Mais celui qui prendra sa place ne doit pas se figer sur un passé révolu. Sinon, la modernité négative nous avalera et nous fera disparaître peut-être encore plus rapidement que nos progressistes mondialistes.

Le candidat potentiel doit être conscient des enjeux économiques dans le monde présent, tout en pointant les causes profondes de notre déclin, toutes les causes, sans n'en occulter aucune, comme les ravages considérables du regroupement familial et d'une immigration incontrôlée.

Les trois derniers exemples qui datent du début de cette année illustrent bien la faillite complète du quinquennat de Macron.

Le 7 janvier 2022, jour de l'Épiphanie, de la galette des Rois, de l'anniversaire des massacres de *Charlie Hebdo* et de *l'Hyper Casher* en 2015, un homme se présente à la gendarmerie de Fréjus. Il leurs remet une tête et les parties génitales de la victime.

Si maintenant les différents d'ordre personnel, se règlent par la décapitation, le Vivre Ensemble amorce un virage dangereux sur une pente glissante.

Elle risque de devenir irréversible. D'autant plus que l'assassin présumé et la victime sont très défavorablement connus de la police.

Le 9 janvier à Noisy-le-Sec, la Californie de la France, une terre fertile aux richesses culturelles et à l'harmonie des religions, plusieurs individus se sont amusés à traîner des personnes derrière leur voiture en les agrippant par le manteau, avant de diffuser les images sur les réseaux sociaux.

Un des passagers hurlait de joie perverse : « Wallah ! Tu vas courir » Le conducteur est connu de la police pour différents faits dont le vol par effraction.

Le 10 janvier, autour de l'hôpital Saint-Roch, Nice est devenue une ville morte avec un sentiment de frayeur et d'inquiétude. Tout le quartier était quadrillé et verrouillé à double tour pour Macron, venu parler de sécurité. Très peu de passants. Moi-même je fus arrêté trente fois avant de rejoindre le peu de manifestants opposés à la dictature du pass sanitaire. En tout cas, plus nombreux que les serviles au Président, triés sur le volet. Un long discours *chiant*, juste bon pour nous habituer à vivre dans un climat de violence, d'anxiété et de soumission.

Macron, le guerrier avec ses *soldats* noirs en tutus roses à L'Élysée à la fête de la musique en 2018, n'ose pas s'attaquer aux véritables causes du mal.

Le prochain thème de Macron dans une ville à désigner, avec un déploiment démesuré de forces qui coûtera à nouveau des millions d'euros aus frais du contribuable sera la Santé.

Il envisagerait de nommer au poste de Ministre, le pacifique docteur Antoine Choteau, le gendre de Brigitte Macron. Celui qui tweetait le 11 décembre 2021 : « Reste plus qu'à espérer un crash ».

La Macronie a dévoilé son vrai visage.

Elle hait la démocratie et la liberté d'expression.

Au point qu'elle souhaite la mort d'Eric Zemmour et de Philippe de Villiers en vol pour l'Arménie.

Le peuple chrétien martyr qui subit le premier génocide du 20è siècle au nom de la religion de l'amour et de la paix.

Avec une politique de répression qui ne donne pas la moindre chance à la jeunesse – une existence confisquée-, on comprend mieux pourquoi le taux de suicide chez les moins de 15 ans ait augmenté de plus de 40% en 2021.

J'ai écrit ces dernières lignes en écoutant le chant des Partisans.

Vive la liberté ! Vive la France !

FSC
www.fsc.org
MIXTE
Papier issu
de sources
responsables
Paper from
responsible sources
FSC® C105338